Jennie Allen

alles.

Wie ein kleines Gebet
mein Leben radikal veränderte

BRUNNEN
Verlag Giessen · Basel

Originally published in English under the title
Anything: The Prayer That Unlocked My God and My Soul
by Thomas Nelson, Nashville, Tennessee, USA.

Aus dem Englischen von Damaris Müller
Lektorat: Konstanze von der Pahlen

FSC
www.fsc.org
MIX
Papier aus verantwortungsvollen Quellen
FSC® C014496

www.brunnen-verlag.de
Umschlagfoto: Jessica Taylor/Shutterstock
Umschlaggestaltung: Sabine Schweda
Satz: DTP Brunnen
Druck: GGP Media GmbH, Pößneck
ISBN 978-3-7655-2009-9

Danke, Zac,
dass du mich dazu bringst,
Jesus immer mehr zu lieben.

Jennie

Lob für alles.

Jennie Allen ist Visionärin, eine gute Freundin und begeisterte Nachfolgerin von Jesus. Und ich kann mir keine anderen drei Eigenschaften denken, die ich an einer Frau mehr schätzen würde.

Dieses Buch hat mich von der ersten bis zur letzten Seite fasziniert und mir vor Augen geführt, was ein kurzes, aber radikales Gebet bewirken kann. Auch ich möchte erleben, wie Gott mein Herz und mein ganzes Leben verändert. Darum bin ich Jennie sehr dankbar, dass sie uns mit gutem Beispiel vorangegangen ist.

Ob wir uns Gott restlos ausliefern wollen, ist eine Entscheidung, die unser ganzes Leben auf den Kopf stellen kann. Sind Sie dabei?

Angie Smith, Autorin und Referentin

Jennie Allen erzählt ganz offen, ehrlich und humorvoll aus ihrem Leben. Sie gehört zu den wenigen Autorinnen, die sich selbst nicht allzu ernst nehmen, aber Gott dafür umso mehr! In diesem Buch nimmt sie uns mit auf ihre geistliche Reise, auf der sie herausfinden will, wohin ein einziges kleines Gebet sie führen wird. Jeder, der sich Gott völlig ausliefern möchte, wird von dieser Lektüre profitieren.

Susie Hawkins, Bibellehrerin und Autorin

Inhalt

Teil 3: alles! Jetzt geht's ans Eingemachte!

Mein alles

„Herr, wir wollen alles tun, was du willst. Wirklich alles." Mit diesem schlichten, aber radikalen Gebet auf den Lippen waren Zac und ich an einem ganz normalen Abend vor ungefähr zwei Jahren zu Bett gegangen. Erschöpft hatten wir an die Decke gestarrt und versucht, uns auszumalen, wie Gott wohl auf dieses Versprechen reagieren würde, doch es war uns nicht gelungen. Nachdem wir monatelang mit diesen Worten gerungen hatten, waren wir jetzt endlich so weit, sie auszusprechen.

Uns war klar geworden, wie achtlos wir mit der kurzen Zeit, die wir auf dieser Erde verbringen, umgegangen waren. Ein Leben, das sich nur um ein gemütliches Haus, ein schönes Auto und originelle Weihnachtskarten drehte, genügte uns nicht mehr. Tief in unserem Inneren brannte nämlich eine Sehnsucht, die sich nicht länger unterdrücken ließ. Obwohl wir nicht einmal genau wussten, wonach wir uns eigentlich sehnten, waren wir an dem Punkt angelangt, an dem wir uns Gott restlos ausliefern wollten.

Während Zac meine Hand nahm und diese entscheidenden Worte laut aussprach, betete ich im Stillen so aufrichtig mit, wie ich noch kaum ein Gebet gesprochen hatte: „Herr, wir wollen alles tun, was du willst. Wirklich alles.“

Es fühlte sich gar nicht so außergewöhnlich an, dabei hatten wir uns gerade dazu bereit erklärt, tausend Tode zu sterben. Wir hatten uns Gott mit Haut und Haaren ausgeliefert.

Bei dem Gedanken daran, was dies konkret bedeuten könnte, schlug mein Herz schneller … bis wir irgendwann schließlich einschliefen.

Teil 1: alles?

» Was mich davon abhält.

Plastikgott: Unechter Glaube

» 1

„Leg auf und komm in die Küche, Jennie!", rief meine Mutter eines Abends. Ich war sechzehn. Ein paar Sekunden später beendete ich das Telefonat mit meinem Freund und setzte mich zu meinen beiden jüngeren Schwestern an den Küchentisch. Ich war gut gelaunt, weil ich die Vorweihnachtszeit liebte. Meine Mutter dekorierte alles sehr festlich und gab sich immer große Mühe mit dem Essen, um diese Zeit zu etwas ganz Besonderem zu machen.

Auf dem Tisch stand ein geschmückter Kranz mit vier Kerzen – wie auf den Bildern in Zeitschriften, nur noch schöner, weil ich den Duft der Tannennadeln riechen konnte. Was jetzt kommen würde, wusste ich: Wir würden uns wie an den meisten Sonntagabenden im Dezember um den Tisch versammeln und mit Ach und Krach ein paar Weihnachtslieder anstimmen. Anschließend würden wir darüber reden, was vor zweitausend Jahren an Heiligabend geschehen war. Mit dieser schönen Sitte wollten wir uns auf die Ankunft von Jesus einstimmen.

Während wir sangen, hielt jeder von uns eine Kerze in der Hand. (Einmal hat eine meiner Schwestern es geschafft, ihre Ponyfransen damit anzuzünden.) Danach las uns mein Vater eine Geschichte aus der Bibel vor und erklärte, was wir daraus lernen konnten.

Ich erinnere mich, dass mein Vater an jenem Abend ein wenig angespannt wirkte, als ob er eine schwierige Aufgabe bewältigen müsste. Im Nachhinein denke ich, dass er sich viel Mühe gab, uns zu vermitteln, *wer* und *wie* Gott ist.

Aber kann man das überhaupt?

Natürlich habe ich im Kindergottesdienst von der Arche Noah und dem unglaublich starken Richter Simson gehört. Und als ich älter war, hat man uns dann erzählt, dass wir nicht schlecht über andere reden und vor der Ehe keinen Sex haben sollten. Doch wie bringt man jemandem Gott selbst nah?

Mit sechzehn habe ich diese Botschaften weder hinterfragt noch bewusst bejaht; sie waren etwas Selbstverständliches für mich – genau wie Gott selbst. Im Ernst: Wenn man mit solchen Geschichten und Liedern aufwächst, akzeptiert man das alles, ohne groß darüber nachzudenken. Man überlegt nicht, ob es Gott wirklich gibt, weil man von klein auf immer wieder etwas über ihn gehört hat – so wie über den Weihnachtsmann. Ich wusste alles, was man meiner Meinung nach über Gott wissen sollte, aber jedes Gespräch über dieses Thema ließ mich innerlich kalt. Im Grunde hatte ich nie das Gefühl, dass Gott wirklich real war.

Der allmächtige Gott ähnelte eher einer Plastikstatue auf unserem Kaminsims, und in meiner Vorstellung schien das Leben unserer ganzen Familie um diese Statue zu kreisen: Wir redeten mit ihr und über sie, aber sie war trotzdem nur eine Figur, die sich nie von ihrem Platz bewegte oder irgendwelche Gefühle zeigte. Es lebte sich ganz gut mit diesem Plastikgott, und in anderen Familien schien es ja ähnlich zuzugehen. Je älter ich wurde, desto mehr bemühte ich mich, hinter die Fassaden anderer Menschen zu blicken, und dabei stellte ich fest, dass die meisten sich offenbar ebenfalls mit so einer Statue begnügten.

Diesen Gott zu lieben, war absolut undenkbar für mich. Zwar wusste ich, dass der christliche Glaube die Liebe zu Gott beinhaltete, aber ich hatte keine Ahnung, wie ich mit dieser Plastikfigur eine Beziehung knüpfen sollte. Und selbst wenn es mir gelungen wäre, Gott nicht als eine Statue, sondern als ein unsichtbares Wesen zu betrachten, hätte mir das auch nicht weitergeholfen. Denn wie soll man ein unsichtbares Wesen lieben?

Ich wollte etwas spüren, und ich sehnte mich nach einem Beweis dafür, dass Gott tatsächlich real war. Aber wie konnte ich das aus eigener Kraft erreichen?

Es war unmöglich. Ich schaffte es nicht.

Also passte ich mich an und tat einfach das, was alle anderen taten. Ich wollte damit niemanden täuschen; es war eher so, als ob ich mich an einem Set befunden hätte, an dem alles nach einem bestimmten Drehbuch ablief. Jeder bekam seine Rolle zugewiesen und spielte, so gut er konnte. Ich versuchte ebenfalls, mich an das Drehbuch zu halten. Es war das ganz normale Leben, das ich gewohnt war – kein Gedanke daran, dass irgendetwas geheuchelt wäre. Ich war ein braves Mädchen, das aus einer intakten Familie kam und regelmäßig zum Gottesdienst ging. Ich schrieb gute Noten, hatte nette Freunde und traf die richtigen Entscheidungen, schließlich war ich eine gute Christin. Jedenfalls hätte ich das sein müssen, weil ich die Geschichten und Lieder ja schon zigmal gehört hatte. Ich wusste über alles Bescheid.

Aber was war mit Gott selbst? Ich kann mich nicht daran erinnern, dass Gott – der wahre Gott – in meinem Leben aufgetaucht wäre, obwohl er bestimmt nicht weit weg gewesen ist. Ob wir Gott erkennen oder nicht, liegt nicht in unserer Macht. Gott allein entscheidet nämlich, wie und wann er sich uns zeigt. Bevor ich mich ihm jedoch ganz und gar anvertrauen konnte, musste ich begreifen, wer er wirklich war.

Mit einem Plastikgott kann man ganz gut leben, weil er sich nicht in unseren Alltag einmischt. Er fordert nicht viel Aufmerksamkeit, sondern lässt sich in jedes Eckchen verbannen, das wir gerade für ihn übrig haben. Und solange in unserem Leben alles glattgeht, denken wir, dass diese hübsche Statue eigentlich alles ist, was wir brauchen.

Eine rote Ampel

Unglaube ist aber nicht nur bei Atheisten oder Agnostikern zu finden, sondern auch in allen möglichen Winkeln und Nischen des Christentums. Jede Sünde lässt sich im Grunde darauf zurückführen, dass wir an irgendeinem Punkt an Gott zweifeln.

Ich erinnere mich noch genau, wie ich vor nicht allzu langer Zeit mit dem Auto vor einer roten Ampel stand. Es war kurz bevor ich den Vertrag zu diesem Buch unterschreiben sollte, und mir wurde plötzlich klar, dass ich mich gerade dazu verpflichtete, künftig einen Großteil meiner Zeit damit zu verbringen, über Gott zu reden und zu schreiben. Und wenn ich meinen Glauben auf diese Weise publik machte, war es doch wirklich schade um diesen ganzen Aufwand, falls Gott womöglich doch nicht existierte.

In der kurzen Zeit, bis die Ampel auf Grün sprang, hatte ich eine echte Glaubenskrise. Ich versuchte, mir Gott samt all seinen Engeln im Himmel vorzustellen, und malte mir aus, wie Jesus auf dieser Erde gelebt hatte. War das nicht reine Spekulation, die nichts mit meinem täglichen Leben zu tun hatte? Eine schöne Idee, die weit entfernt von den Haushaltspflichten und allen übrigen Aufgaben war, mit denen sich vernünftige Leute Tag für Tag beschäftigten?

Während ich mir diese Fragen stellte, hatte ich das Gefühl, als ob mir alles entrissen würde, was mir heilig gewesen war. Doch dann besann ich mich wieder. Ich erinnerte mich an unzählige Dinge, die ich nicht leugnen konnte – lauter Anzeichen dafür, dass Gott sich um mich kümmerte und zu meinem Herzen sprach. Ich hatte seine Nähe gespürt, als es mir mies gegangen war, und er hatte mir immer wieder den richtigen Weg gezeigt. In meinem Inneren hatte sich so vieles verändert, was ich niemals allein zuwege gebracht hätte, und das alles zeugte unwiderlegbar von einer Realität, die über das Sichtbare hinausging. Als die Ampel schließlich auf Grün schaltete, war meine Glaubenskrise vorüber.

■ ■ ■

Bei meiner Freundin Laura dauerte die Glaubenskrise deutlich länger als die Wartezeit vor einer roten Ampel. Betroffen vertraute sie mir an: „Ich weiß nicht mehr, was ich glauben soll. Ich weiß noch nicht mal, ob ich überhaupt noch an Jesus glaube."

Laura ging in dieselbe Gemeinde wie wir. Sie war eine tiefgründige, authentische Person, mit der ich mich gerne traf, sooft es unsere Kinder und unsere Terminkalender zuließen. Als Pastorentochter war sie in einer Umgebung aufgewachsen, die meinem eigenen Hintergrund sehr ähnlich war, und sie hatte ebenfalls an einem christlichen College studiert. Dass es Gott gab, verstand sich von selbst – schließlich hatten ihre Eltern ihr das immer wieder versichert. Der allmächtige Gott war aus ihrem bisherigen Leben so wenig wegzudenken gewesen, dass sie sich nie gefragt hatte, wie es ohne ihn sein würde. Obwohl sie immer eine vorbildliche Christin gewesen war, war sie jetzt an einem Punkt angelangt, an dem sie alles infrage stellte und darüber nachgrübelte, ob sie womöglich die ganze Zeit falschgelegen hatte.

Sie fühlte sich schuldig, weil sie an Gott zweifelte; im Grunde wusste sie nicht einmal, wie man zweifelt. Doch die harte Realität hatte sie dazu gebracht, sich zu fragen, wieso sie überhaupt an Gott glaubte. War sie wirklich von dem überzeugt, was sie für ihren Glauben hielt, oder glaubte sie nur deshalb an Gott, weil sie bisher nichts anderes gekannt hatte?

Als wir darüber redeten, hatte ich das Gefühl, Gott würde mich auffordern, sie zu ermutigen, diesen Weg weiter zu verfolgen. Darum riet ich ihr: „Laura, du brauchst diese Zweifel nicht zu unterdrücken.

Gott kann mit deinen Fragen umgehen. Stell dich deinen Zweifeln, und finde heraus, ob Gott wirklich existiert."

Weinend gestand sie mir, dass sie Angst davor hatte, was ihre Familie über sie denken würden. Wie könnte sie es wagen, *nicht* an den Gott zu glauben, dem alle anderen Menschen dienten, die ihr wichtig waren? Doch es schien tatsächlich, als würde Gott seiner tugendhaften kleinen Tochter die Erlaubnis geben, mit ihm zu ringen. Liebevoll sah er sie an und sagte: „Es ist in Ordnung, dass du zweifelst."

In den folgenden Monaten hatte Laura ein ganz bestimmtes Bild vor Augen: Sie sah sich selbst, schwach und erschöpft, auf dem Dach eines riesigen Wolkenkratzers stehen. Plötzlich wurde sie von einem gewaltigen Kran erfasst, der sie in die Höhe zog und über den Rand ihres Glaubens blicken ließ. Gott selbst gab ihr die Gelegenheit, Alternativen und Möglichkeiten zu prüfen, für die sie sich nie zuvor interessiert hatte, und er hielt sie fest in seiner Hand, während sie über ein Jahr lang suchend hin und her pendelte.

Am Ende war Laura genau wie ich dazu bereit, sich Gott ganz auszuliefern. Daraufhin stellte er ihr Leben völlig auf den Kopf. Doch das konnte erst geschehen, nachdem sie sich darüber im Klaren geworden war, ob Jesus Christus tatsächlich der einzige Weg zu Gott ist oder nicht. Solange sie daran noch irgendeinen Zweifel hatte, war alles andere zweitrangig.

Risikobereit

Wir dürfen unseren Unglauben nicht auf die leichte Schulter nehmen, weil er die eigentliche Ursache jedes einzelnen Punktes ist, an dem wir zu kämpfen haben. Und am Ende wird genau dieses Kriterium – nämlich, ob wir an Jesus Christus glauben oder nicht – darüber entscheiden, wer zu Gott gehört und wer nicht.

Von Natur aus haben wir keine Ehrfurcht vor Gott. Wir sehen ihn nicht als den an, der er wirklich ist, sondern wir begrenzen und verkleinern ihn. Obwohl wir uns mit dieser Einstellung selber schaden, sind wir uns unserer Zweifel häufig gar nicht bewusst, sondern meinen, solche Gedanken seien ganz normal.

A. W. Tozer schrieb: „Der wichtigste Aspekt unserer Persönlichkeit zeigt sich an dem, was uns in den Sinn kommt, wenn wir an Gott denken."[1] Es gibt nichts, was uns mehr prägt als die Vorstellung, die wir von Gott haben. Wie wir im tiefsten Grunde unseres Herzens wirklich sind, kann niemand außer uns selbst und demjenigen ergründen, der uns geschaffen hat. Andere Menschen können nur die Seiten unseres Wesens wahrnehmen, die wir ihnen offenbaren; doch unser Glaube an Gott macht den eigentlichen Kern unserer Seele aus.

Früher habe ich gedacht, etwas über Gott zu wissen sei dasselbe wie ihn zu kennen. Ich weiß noch genau, wie ich bei meinem Theologiestudium im Kreis künftiger Pastoren saß und mich völlig fehl am Platz gefühlt habe. Vielleicht lag es daran, dass ich eine Frau war, vielleicht aber auch daran, dass ich mit Tränen in den Augen jedes Wort, das die Professoren über Gott sagten, in mich aufsog, während alle anderen sich eifrig Notizen machten und nüchtern über die biblische Heilsgeschichte diskutierten.

Um mich herum wurde der allmächtige Gott wie ein toter Frosch seziert, und ich dachte nur: *Über die Engel, die Hölle und die Verwandlung zu reden, die mit uns geschieht, wenn wir auf Jesus Christus vertrauen – das ist doch der absolute Wahnsinn!*

■ ■ ■

An einem Wochenende, das wir an einem See verbrachten, führte ich ein tief schürfendes Gespräch mit einer guten Freundin. Dabei wurde eine Frage aufgeworfen, die mich immer mehr beschäftigte: *Wie kann man Gott kennenlernen?* Meine Freundin war der festen Überzeugung, dass es nur eine Möglichkeit gäbe, Gott näherzukommen, und zwar, indem man in der Bibel liest. Ich musste ihr beipflichten. Ohne die Bibel können wir Gottes Wesen nicht erfassen. Da Gott sich in seinem Wort am deutlichsten zu erkennen gegeben hat, muss sich jede persönliche Erfahrung daran orientieren.

Alles, was ich über Gott wusste, stützte sich auf die Bibel, und weil ich sie für das authentische Wort Gottes hielt – was sie ja auch ist –, klammerte ich mich mit jeder Faser meines Wesens an dieses Buch. Trotzdem genügte mir diese Antwort nicht, denn ich wusste, dass auch bestimmte Erfahrungen, gute Freunde, das Gebet, die Gemeinde und einige Bücher über geistliche Themen dazu beigetragen hatten, dass ich ein bisschen besser begriffen hatte, wer und wie Gott ist.

Am darauffolgenden Montag stellte ich diese Frage einem meiner Lieblingsdozenten. Die Antwort, die er mir gab, brachte mich meinem Ziel, Gott wirklich kennenzulernen, ein ganz gewaltiges Stück näher. Zunächst zählte der Professor die verschiedenen Möglichkeiten auf, durch die wir etwas über Gott erfahren können: Gebet, Bibelstudium, Gemeinde, Gottesdienst, persönliche Erlebnisse, Leid, Sündenbekenntnis, Abendmahl usw. Dann fügte er hinzu: „Allerdings lässt sich bei all diesen Methoden nicht voraussagen, ob sie erfolgreich sein werden. Viele Leute, die in der Bibel lesen, haben trotzdem keine persönliche Beziehung zu Gott, und man kann jahrelang in die Kirche gehen, ohne den Schöpfer des Universums jemals wirklich kennenzulernen. Die einzige Methode, die uns mit hundertprozentiger Sicherheit dem lebendigen Gott näher bringt, ist das Risiko."

Alle Kursteilnehmer sahen ihn verblüfft an. Jeder von uns forstete seinen Kopf wohl automatisch nach biblischen Belegen für diese Behauptung durch, um sie in irgendeine theologische Schublade einordnen zu können.

„Das bedeutet", fuhr der Professor fort, „dass wir unser Leben in die Hand eines unsichtbaren Gottes legen, obwohl wir nicht wissen, was er mit uns vorhat. Wenn wir uns ihm uneingeschränkt zur Verfügung stellen und darauf warten, dass er sich uns zeigt, wird er in unserem Leben zu einer ganz konkreten Realität werden."

Wir waren sprachlos. Es kam uns so vor, als ob es immer komplizierter würde, Gott wirklich kennenzulernen. Doch wenn es ihn tatsächlich gab und er der Herr über das Universum war, dann lohnte es sich zweifellos, ihn zu kennen. Wir wollten nicht nur erfahren, was es über ihn zu wissen gab, sondern erleben, was es bedeutete, einzig und allein von seiner Hand gehalten zu werden.

Die Bibel erzählt, dass sich das Leben der Menschen, die an Jesus glauben, dramatisch verändert. Mit einem Schlag dreht sich alles um unsere Zukunft und das Unsichtbare. Wir vertrauen uns rückhaltlos einem unsichtbaren Gott an, dessen Pläne für unser kurzes Erdenleben ganz anders sind als unsere eigenen und dessen Ziele sich gewaltig von denjenigen unterscheiden, die wir für gewöhnlich verfolgen.

In mir erwachte eine Sehnsucht nach etwas, das mir bis zu diesem Tag noch nie erstrebenswert erschienen war: die Sehnsucht nach einem riskanten Glauben. Ich wollte ganz genau wissen, dass Gott real war, weil ich ihn brauchte; ich wollte mich Gott völlig ausliefern und ihm gehorchen; ja, ich wollte nicht einmal davor zurückschrecken, ihm meine Bequemlichkeit oder mein Bedürfnis nach Sicherheit zu opfern. Bei diesen Gedanken schlug mein Herz unwillkürlich schneller, doch sie ließen mich nicht mehr los.

Sobald wir uneingeschränkt auf Gott vertrauen, ohne uns irgendein Hintertürchen offen zu lassen, wird deutlich, wie schwach unser Glaube ist. Aber je mehr wir Gottes Nähe spüren, desto stärker wird unser Vertrauen. Wenn wir bereit sind, von einer Klippe zu springen, zu der Gott uns führt, geben wir ihm die Möglichkeit, auf ungeahnte Weise zu wirken. Und wenn er dann aus dem Nichts auftaucht und uns auffängt, sehen wir ihn mit ganz anderen Augen, als wir ihn von einem sicheren Beobachtungsposten aus wahrgenommen hätten.

Ein einfaches Holzkreuz

Ich war siebzehn Jahre alt, als ich Jesus zum ersten Mal erlebte. Es war im Sommercamp in Kanakuk, wo ich schon zum fünften Mal meine Sommerferien verbrachte. Wie jedes Jahr saßen wir an einem schwülen Juliabend vor dem Lagerfeuer und beobachteten, wie ein paar Laiendarsteller die Kreuzigungsszene nachspielten. Ich blickte zu einem einfachen Holzkreuz auf, an dem ein lebendiger menschlicher Körper hing. So ähnlich hatte Jesus damals am Kreuz gehangen, bevor er gestorben war.

Und an diesem Abend erkannte ich ihn. Ich erkannte meine Schuld und begriff, dass sie der Grund war, weshalb er dort hing. Mir wurde klar, was für einen hohen Preis Jesus für mich bezahlt hatte, und seine Gnade berührte mich. Unvermittelt zerbrach der Plastikgott, der mir so fern erschienen war, und an seine Stelle trat ein lebendiges Wesen. Ich konnte spüren, dass Gott real war.

Wir Menschen sind schwache Kreaturen, die von ihren Gefühlen abhängig sind. Wir möchten die Dinge mit allen Sinnen erfassen; wenn etwas echt ist, dann soll es sich auch so anfühlen und unser Herz schneller schlagen lassen.

Bestimmt haben Sie selbst schon einmal erlebt, dass ein Buch, ein Film oder ein Vortrag Sie besonders angesprochen hat. Mir ging es so, als ich den Film *Titanic* zum ersten Mal gesehen habe. Bevor der Film in die Kinos kam, hatte ich die Geschichte vom Untergang des Luxusliners schon einige Male gehört. Ja, wir hatten im Sommercamp sogar ein albernes Liedchen darüber gesungen.

Doch nachdem ich den Kinofilm gesehen hatte, weinte ich sehr und sang dieses dumme Lied nie wieder. Die Geschichte war für mich real geworden und hatte etwas in meinem Inneren bewirkt. Solange das nicht geschieht, können wir ganz gelassen mit etwas umgehen, weil es uns im Grunde kaltlässt.

An diesem Juliabend wurde Gott für mich zu einer konkreten, lebendigen Realität, und von da an änderte sich alles. Wo ich mich vorher nur kalt und leer gefühlt hatte, konnte ich nun ganz deutlich Gottes Nähe spüren – es war spannend und beunruhigend, aber gleichzeitig auch vertrauenerweckend. Der allmächtige Gott hatte mich errettet, mir den Weg gezeigt und mich mit seiner Gegenwart erfüllt. Und er begann, sich immer mehr in mein Leben einzumischen. Ohne dass ich einem Aufruf in einem Gottesdienst gefolgt war oder mich besonders intensiv mit Jesus beschäftigt hatte, hatte Gott mir schlagartig die Augen geöffnet. Mit einem Mal konnte ich die Person am Kreuz sehen, die mich von meiner Schuld erlöste.

Als ich zu dem schlichten Holzkreuz aufschaute, erweckte Gott etwas Totes in mir zum Leben. All die Jahre, in denen ich vor einem Adventskranz gesessen, schöne Lieder gesungen und biblische Geschichten gehört hatte, ergaben plötzlich einen Sinn, weil ich jetzt die Person gesehen hatte, um die alle diese Dinge kreisten.

Doch irgendwie tappte ich immer noch im Dunkeln. Gott war zwar jetzt mein Herr, aber ich hatte keine Ahnung, wie ich all das loswerden sollte, was mich bis zu diesem Zeitpunkt beherrscht hatte. Ich war inzwischen davon überzeugt, dass er die Macht hatte, mich zu sich in den Himmel zu holen, aber das war erst der erste Schritt auf einem langen Weg: Ich würde lernen müssen zu begreifen, dass er groß genug ist, jeden Tag in mir zu leben, mich zu führen und zu verändern.

Der Anfang war jedenfalls gemacht: Ich wusste, dass der allmächtige Gott real war, und ich gehörte ihm.

Feigenblätter: Mehr Schein als Sein

2

Es war ein traumhafter Tag. Ich fuhr gerade von der Uni nach Hause, als mein Handy klingelte. Es war Kathryn, eine meiner besten Freundinnen. Wir kannten uns seit unserer Kindheit, und während des Studiums waren wir fast unzertrennlich geworden. Ein besonderer Sonntag am Ende unseres ersten Collegejahres hatte uns noch fester zusammengeschweißt: Wir waren gemeinsam zum See hinausgefahren, und als wir uns ein ziemlich schmalziges christliches Lied anhörten, fing Kathryn an zu weinen und erklärte, sie wolle ihr Leben ändern und von nun an für Gott leben. Sie meinte es ernst und machte ihre Entscheidung tatsächlich nie wieder rückgängig.

Als sie mich nun viele Jahre später anrief, fiel sie gleich mit der Tür ins Haus. Mit heiserer Stimme fragte sie: „Jennie, glaubst du, dass mein Dad im Himmel ist?“

Bestürzt suchte ich nach einer Antwort, während ich mir fieberhaft in Erinnerung rief, was ich über ihren Vater wusste. Leider gab es nicht viel Grund für Optimismus. Kathryns Vater Mike, der vor Kurzem an einem Herzinfarkt gestorben war, war ein völlig verkorkster Typ gewesen. Nachdem er aus seiner Ehe ausgebrochen war, hatte man ihn öfter in Kneipen als in Kirchen angetroffen, und er ähnelte in keiner Weise dem Musterbeispiel eines christlichen Mannes.

Andererseits war er ein ungewöhnlich lebendiger und fröhlicher Mensch gewesen, der alle Leute mit seiner guten Laune angesteckt hatte. Da er jeden Bekannten wie einen guten Freund behandelt hatte, war Kathryn nach seinem Tod überall hingegangen – zu seinem Friseur, seiner Apotheke, in seinen Supermarkt –, um den Leuten zu erklären, wieso Mike nicht mehr kommen würde. Er hatte wirklich ein Herz für andere Menschen gehabt.

Jetzt rief Kathryn mich aus lauter Verzweiflung an, weil sie nicht sicher war, ob Mike bei Gott war. Je mehr sie sich sein Leben vor Augen führte, desto zerstörerischer erschien ihr sein Verhalten.

Während sie am anderen Ende der Leitung auf meine Antwort wartete, schickte ich ein Stoßgebet zum Himmel. Ich flehte Gott an, mir zu verraten, wie ich meiner deprimierten Freundin helfen konnte.

Es gibt viele Themen, über die in christlichen Kreisen gerne diskutiert wird, aber die Tatsache, dass jeder von uns sündigt, gehört normalerweise nicht dazu. Und obwohl mir noch nie jemand begegnet ist, der von sich behauptet hätte, er sei vollkommen, habe ich schon viele Leute getroffen, die sich für einen anständigen Menschen halten.

Was meinen sie eigentlich damit? Denken sie, ihre Beweggründe und ihr Handeln seien immer tadellos? Oder sind sie nur der Ansicht, dass Gott im Großen und Ganzen mit ihnen zufrieden sein müsste?

Obwohl ich mich von klein auf an die Regeln meiner Umgebung gehalten habe, habe ich mich im tiefsten Inneren nur sehr selten wie ein guter Mensch gefühlt. Ich war bestimmt nicht so böse wie viele andere, denn ich habe mich bemüht, mir durch gutes Benehmen den Respekt anderer Leute zu verdienen. Doch ich wusste sogar an meinen besten Tagen, dass ich weit davon entfernt war, wirklich untadelig zu sein. Dieser innere Zwiespalt quälte mich immer wieder.

Man kann sich jedes Verhalten antrainieren, ohne die entsprechende Charaktereigenschaft zu besitzen. Auch wenn ich von Zeit zu Zeit wirklich aufrichtig war und aus den richtigen Motiven heraus gehandelt habe, ist mir nur zu gut bewusst, dass ich selbstsüchtig und stolz bin. Mir ist es wichtig, was andere über mich denken, weil ich bewundert werden will. Aus eigener Kraft würde ich es niemals schaffen, anderen zu vergeben – dass Gott uns dazu befähigen kann, jemandem zu vergeben, der uns verletzt hat, halte ich für eines seiner größten Wunder. Ich beleidige den Herrn über das Universum, wenn ich mich frage, ob er wirklich alles unter Kontrolle hat. Offenbar neige ich genau zu den Untugenden, die ich niemals besitzen wollte. Allerdings scheine ich mit diesem Problem nicht allein dazustehen …

Schokoladenseite

Ich habe immer geglaubt, dass der größte Konflikt in unserem Universum der Krieg zwischen Gut und Böse sei. Doch wenn man in der Bibel liest, stellt man fest, dass es von Anfang an um mehr gegangen ist. Nachdem Adam und Eva sich für die Sünde entschieden hatten, befanden sie sich in einer Welt ohne Bibel, Gemeinde oder Druck vonseiten ihres Pastors. Aus eigenem Antrieb liefen sie vor Gott davon und versuchten, sich selbst und ihr Versagen hinter Feigenblättern zu verstecken (siehe 1. Mose 3). Diese Feigenblätter sollten ihnen helfen, den Schein zu wahren – heute würden wir sie wahrscheinlich *Religion* oder *Moral und Anstand* oder *gutes Benehmen* nennen.

In ähnlicher Weise habe ich oft versucht, mein eigentliches Wesen vor anderen zu verbergen. Ich beeindrucke andere Menschen, indem ich mich wie eine vorbildliche Christin verhalte, während ich in Wirklichkeit vor Gott davonlaufe. Echte Demut ist nämlich etwas sehr Unbequemes … Es ist viel einfacher, anderen Menschen eine hübsche Fassade zu präsentieren, als unumwunden zuzugeben, dass wir ohne Gott völlig aufgeschmissen sind.

Unser größtes Problem ist, dass wir glauben, wir könnten es Gott und unseren Mitmenschen recht machen, wenn wir mithilfe unserer Feigenblätter ein möglichst gutes Bild abgeben. Aber Gott sagt klipp und klar, dass ihm unsere Einstellung viel wichtiger ist als unser Benehmen. Er achtet auf unser Herz – das wird von der ersten bis zur letzten Seite der Bibel deutlich.

Ich habe lange gebraucht, bis ich das begriffen habe, weil die Welt, in der wir leben, genau andersherum funktioniert. Von dem Moment an, in dem wir geboren werden, werden wir von unserer Umwelt nach unserem Verhalten oder unserer Leistung beurteilt. „Was für ein pflegeleichtes Baby", heißt es beispielsweise. „Es schläft schon durch und trinkt ganz brav." Bereits im Kindergarten werden die ersten Noten verteilt. Unsere Eltern verhängen Strafen, wenn wir unartig sind, und belohnen uns, wenn wir brav sind. Und als Erwachsene werden wir nur befördert, sofern unsere Leistung stimmt. Es lässt sich nicht leugnen, dass andere uns lieber haben, wenn wir uns anständig benehmen.

Alles scheint sich nur darum zu drehen, ob wir es schaffen, den Schein zu wahren. Wir werden förmlich dazu gedrängt, uns immer und überall von unserer Schokoladenseite zu zeigen. Mit unseren innersten Beweggründen, Gefühlen und Gedanken beschäftigen wir uns dagegen nur äußerst selten. Sie sind so abstrakt und schwer zu definieren.

Doch als Jesus auf die Erde gekommen ist, hat er dieses System auf den Kopf gestellt. Er ging nämlich ausgerechnet zu denen, die nichts auf die Reihe gekriegt haben, und beschäftigte sich mit solchen, deren Leben völlig verkorkst war. Voller Liebe hat er diese Menschen angesehen, sie berührt und geheilt. Und weil sie ihn dringend brauchten, haben sie seine Liebe von ganzem Herzen erwidert.

Ich weiß noch genau, wann mir zum ersten Mal klar geworden ist, dass ich viel eher den Leuten ähnle, die Jesus getadelt hat, als denjenigen, denen er sich zuwandte. Damals habe ich gelesen, was Jesus zur religiösen Elite sagte: „Ihr steht vor den Leuten als solche da, die

Gott ehren, aber in Wirklichkeit seid ihr voller Bosheit und Heuchelei" (Matthäus 23,28).

Autsch. Das hatte gesessen. Im Grunde meines Herzens war mir nämlich klar, dass ich ziemlich versagt hatte. Das ahnte natürlich niemand, und darüber war ich sehr froh. Ich wollte nicht auf dem Boden liegen wie all die Sünder, die Jesus geheilt hat, sondern mit hoch erhobenem Haupt vor ihm stehen. Aber als ich die Worte von Jesus las, spürte ich ganz deutlich, dass er mich dazu aufforderte, vor ihm niederzufallen.

Es tut geradezu körperlich weh, wenn wir uns unseren Stolz und unsere Sünde vor Augen führen. Wenn wir merken, dass wir völlig am Ende sind, und unsere Masken fallen lassen. Und es ist noch schlimmer, dies auch vor anderen Menschen zugeben zu müssen. Darum vermeiden wir es mit aller Kraft zu zeigen, wie wir wirklich sind, und bedecken uns lieber mit Feigenblättern. Wir haben Angst davor, nicht gut genug zu sein, während wir uns gleichzeitig unbändig danach sehnen, von Gott akzeptiert zu werden.

Durch die ganze Geschichte der Menschheit hindurch geht es immer wieder um zwei Dinge: Zuerst wollen wir wissen, ob es Gott tatsächlich gibt. Und gleich die nächste Frage lautet: Haben wir ihn wirklich nötig?

Was wäre, wenn ausgerechnet das Verhalten, mit dem wir ihn beeindrucken wollen, zwischen uns und Gott eine tiefe Kluft schaffen würde?

Die Hand des Schöpfers

In einem Lied, das ich sehr liebe, heißt es: „Aus bloßem Staub erschaffst du herrliche Dinge, und auch uns verwandelst du in etwas Wunderbares."

Die Bibel berichtet, dass die Israeliten immer wieder vor Gott davongelaufen sind. Einer der Männer, die Gott zu seinem Volk geschickt hat, um den Menschen zu sagen, dass er sich nach ihnen sehnt und sie zurückhaben will, war Jeremia. Auf Gottes Befehl hin ging Jeremia zur Werkstatt eines Töpfers und beobachtete ihn bei der Arbeit. Das erste Gefäß, an dem der Töpfer arbeitete, misslang. Dann konnte Jeremia zusehen, wie der Töpfer dieses hässliche Ding wieder zu einem Klumpen zusammenballte und aus demselben Ton ein anderes, wunderschönes Gefäß formte.

Hinterher sagte Gott zu Jeremia: „Kann ich mit euch nicht genauso umgehen wie dieser Töpfer mit dem Ton? Ihr seid in meiner Hand wie Ton in der Hand des Töpfers!“ (Jeremia 18,5-6)

Als Jesus auf der Erde war, hat er sich hauptsächlich um zerbrochene Menschen gekümmert. Zum Beispiel um die Frau, die beim Ehebruch ertappt worden war und deshalb gesteinigt werden sollte. Jesus bewahrte sie vor den tödlichen Steinen, und da er sie auch vor der ewigen Verdammnis bewahren wollte, flüsterte er ihr dasselbe zu, was er uns auch heute zuflüstert: „Kehr um, denn du schaffst es nicht aus eigener Kraft, Gott zu gefallen. Du brauchst mich, darum komm zu mir.“ Er sagte: „Sündige nun nicht mehr!“ (Johannes 8,11) Diese Aufforderung können wir nur befolgen, wenn wir ganz nah bei Jesus bleiben, der uns vor Gott gerecht macht.

Gott freut sich, wenn wir merken, dass wir Sünder sind, die ohne ihn nicht klarkommen. An diesem Punkt kann er nämlich einhaken und uns genau dort begegnen, wo wir ihn am nötigsten brauchen. Deshalb hat Jesus fast jede Person, der er aus irgendeiner Not herausgeholfen hat, aufgefordert, ihre Sünde zu bereuen und zu Gott umzukehren. Er hat die zerbrochenen Menschen geheilt, ihnen neue Hoffnung gegeben und einen neuen Weg gezeigt. Nachdem er sich um die Gescheiterten gekümmert hatte, hat er sich häufig an die ehrbaren, anständigen Leute gewandt und ihnen ihren Stolz und ihre Heuchelei auf den Kopf zugesagt. Doch obwohl die religiösen Vorbilder jede Gelegenheit gehabt hätten, sich ebenfalls vor Gott auf den Boden zu werfen, haben das die wenigsten von ihnen getan. Sie glaubten, dass sie Jesus nicht nötig hätten, sondern gut ohne ihn zurechtkommen würden.

■ ■ ■

Vor ein paar Jahren sind wir als Familie für ein Wochenende nach San Antonio gefahren. Den ersten Tag verbrachten wir im Freizeitpark *SeaWorld*. Am zweiten Tag erkundeten wir den *River Walk* – eine wunderschöne Flusspromenade, die zu den berühmtesten Sehenswürdigkeiten von San Antonio gehört. Während wir die Promenade entlanggingen, musste ich ständig hinter meiner damals zweijährigen Tochter herlaufen und sie davor beschützen, in den Fluss zu plumpsen. Damit sie nicht mehr in Gefahr geraten konnte, hielt ich sie anschließend fest an meiner Hand. Immer wieder sagte ich: „Caroline, wenn du nicht an meiner Hand bleibst, muss ich dich bestrafen." Meine Hand sollte ihr Schutz sein.

Mein ältester Sohn, Conner, der damals acht Jahre alt war, bekam das alles genau mit. Gegen Ende dieses Tages, als Caroline schließlich wieder in ihrem Buggy saß, streckte ich ihm meine Hand hin. Ich hatte Sehnsucht danach, ihn in meiner Nähe zu spüren, darum wollte ich ihn an der Hand fassen und mit ihm spazieren gehen. Doch er weigerte sich, mir seine Hand zu geben, und mir war sofort klar, weshalb. Hatte er nicht in den letzten Stunden mit eigenen Augen mit ansehen müssen, dass Mami ihre Hand benutzte, um anderen ihren Willen aufzuzwingen und sie zu kontrollieren? Außerdem kam Conner jetzt allmählich in ein Alter, in dem man es nicht mehr cool findet, seine Mami an der Hand zu halten. Betroffen kniete ich mich mitten auf der Promenade auf den Boden, fasste meinen Sohn an beiden Händen und bat ihn: „Würdest du mir deine Hand geben – einfach nur deshalb, weil ich dich lieb habe und deine Mami bin?"

Ich musste für ihn neu definieren, was es bedeutete, Mamis Hand zu halten. Anstatt Kontrolle und Zwang auszuüben, streckte sich ihm diese Hand entgegen, weil sie seine Nähe suchte. Ich sehnte mich danach, mit meinem achtjährigen Sohn Kontakt zu haben, ohne dass ich ihn irgendwie kontrollieren oder ihm etwas verbieten wollte.

Gott streckt uns ebenfalls seine Hand hin, denn er möchte, dass uns klar wird, wie sehr wir ihn brauchen. Aber weil er der allmächtige Gott ist, denken wir, er sei nur daran interessiert, dass wir uns gut benehmen. Dabei geht es ihm um uns als Person. Er sehnt sich danach, uns von allem zu befreien, was uns belastet. Die Voraussetzung dafür ist allerdings, dass wir uns ihm rückhaltlos anvertrauen.

Bei Gott ist unser wahres, echtes Zuhause. Er ist derjenige, für den wir geschaffen wurden, doch wir sind so damit beschäftigt, brav, anständig und unabhängig zu sein, dass wir diese Tatsache immer wieder vergessen.

Solange wir uns selbst und anderen vormachen, wir seien eigentlich ganz in Ordnung, hindern wir Gott daran, in unserem Leben zu wirken. Mithilfe von Gesetzlichkeit oder Religiosität plustern wir uns auf und meinen, wir hätten das Recht, unsere Mitmenschen zu kritisieren und zu verurteilen. Es fühlt sich eben einfach gut an, wenn man mit sich selbst zufrieden ist und auf andere herabschauen kann, stimmt's? Im Grunde möchten wir alle viel lieber erwachsen sein und ganz allein am Fluss entlangschlendern, ohne die Hand, die sich uns entgegenstreckt, zu beachten. Wir möchten lieber unabhängig sein und Gott nicht nötig haben.

Einen Stempel auf der Stirn

Mit einer Gruppe von Freunden besuchte ich einmal ein Übergangsheim, in dem Männer lebten, die erst kürzlich aus dem Gefängnis entlassen worden waren. Es war Weihnachtszeit, und wir brachten ihnen ein paar kleine Geschenke. Vor dem Besuch war ich ein bisschen skeptisch gewesen, doch als ich diese Männer sah, war ich vom ersten Moment an beeindruckt.

Ein älterer Mann in einem abgetragenen Hemd schenkte uns aus Sirup und Wasser zusammengerührte Limonade ein. Ein paar Kekse, die ganz offensichtlich aus dem Supermarkt stammten, waren sorgfältig auf einem Teller arrangiert. Alle Bewohner des Heims lächelten uns so strahlend an, als käme mindestens der Bürgermeister zu Besuch. Ich war ziemlich gestresst, weil ich zu Hause noch alles Mögliche hatte erledigen müssen. Aber kaum schaute ich in diese offenen Gesichter, merkte ich, wie ich innerlich ruhiger wurde. Meine schlechte Laune verschwand, und ich wollte plötzlich nirgendwo anders sein als hier.

Während wir reihum gingen, erzählte jeder der Männer ein wenig aus seinem Leben. Mit Tränen in den Augen bekannten sie ihre Schwächen und Fehler. Man konnte sehen, wie ihr Herz blutete, weil sie ihren Angehörigen so viel Schmerz zugefügt hatten; und trotzdem gerieten sie förmlich ins Schwärmen, als sie berichteten, dass Jesus Christus ihnen ihre Schuld vergeben hatte. Sie brauchten keinen frommen Schein zu wahren oder irgendwelchen Erwartungen zu genügen. Als sie völlig am Ende gewesen waren, war Christus ihnen begegnet und hatte sie erlöst. In ihrer Stimme schwang ein tiefer Friede, und man merkte ihnen an, dass sie von einer übernatürlichen Hoffnung erfüllt waren.

Diese Männer, die immer noch unter den Konsequenzen ihrer Sünde litten, wirkten so authentisch, dass ich mir tatsächlich wünschte, so zu sein wie sie. Ich sehnte mich danach, ebenso sehr auf Gott angewiesen zu sein. Ich wollte so zerbrochen und transparent sein wie diese gescheiterten Existenzen, die buchstäblich nichts mehr zu verlieren hatten. Es schien, als ob jeder Einzelne von ihnen auf seiner Stirn den Stempel „Versager“ tragen würde, sodass es nichts mehr gab, was sie verbergen mussten. Und genau diese Tatsache war befreiend. Für sie war Gott der Held, und sie brauchten selbst keiner mehr zu sein.

Durstig sog meine Seele diese Erkenntnis auf. Obwohl ich Mutter von vier Kindern, Pastorenfrau und ehrenamtlich engagiert bin, bin ich ein Mensch wie jeder andere, und wir Menschen kommen schon mit diesem Stempel „Versager“ auf unserer Stirn zur Welt. Zwischen Krabbelalter und Führerschein schaffen wir es meistens, diesen Stempel abzuwischen und uns anständig zu benehmen.

Aber vor Gott sind wir alle gleich, und für ihn bin ich keinen Deut besser als diese ehemaligen Strafgefangenen. Auch wenn es nach außen hin nicht so klar ersichtlich sein mag: Mein Inneres ist randvoll mit bösen Dingen. Als ich an jenem Tag auf einem zerschlissenen alten Sofa neben ein paar gebrochenen alten Männern saß, änderte sich die Perspektive, aus der ich andere Menschen betrachtete, ganz radikal. Mir wurde klar, dass diese Leute ein viel besserer Kanal für Gottes Liebe waren als ich.

Während wir uns ängstlich hinter großen Feigenblättern verstecken, ruft Gott uns zu: „Lass deine Masken fallen, denn nur bei mir findest du wirklich Schutz. Ich habe schon für die Sünde bezahlt, die du vor mir verbergen willst. Aber um von deiner Schuld befreit zu werden, musst du aus deinem Versteck herauskommen und dich so zeigen, wie du wirklich bist“ (vgl. 1. Johannes 1,8).

Auf dem Boden

Doch alles in uns sträubt sich gegen diese Art von Offenheit. Wir wollen nicht schwach erscheinen, sondern überall ein strahlendes Vorbild sein. Gottes Gnade, die zerbrochene Menschen radikal verändert, soll sich lieber an anderen Menschen zeigen, denken wir im Stillen.

Irgendwann fiel ich schließlich trotzdem vor Gott nieder. Ich lag auf dem Boden und weinte, weil ich mich in all meinem Stolz und meiner Arroganz wie ein waschechter Pharisäer verhalten hatte. Seitdem habe ich gelernt, mich immer wieder neu vor Gott niederzuwerfen. Ich kann nicht länger so tun, als sei alles in Ordnung, obwohl ich tief in meinem Inneren weiß, dass das gar nicht stimmt. Und wenn ich so auf dem Boden liege, begegnet mir der allmächtige Gott. Mit dem Gesicht zur Erde kann ich ihn spüren, und anstatt voller Stolz meinen Kopf zu heben, lasse ich zu, dass *er* mich aufrichtet.

Ungefähr zu der Zeit, als ich merkte, was sich alles hinter meiner frommen Fassade verbarg, rief mich meine Freundin Kathryn an und wollte wissen, was Gott wohl über ihren völlig verkorksten Vater dachte. Plötzlich stand alles infrage, von dem ich geglaubt hatte, dass Gott es von mir forderte. Wenn man sich nicht länger hinter den Christen versteckt, an denen man sich orientiert hat; wenn man nicht mehr die schönen Predigten, unsere christliche Ethik und all das, was man jemals über Gott gehört hat, als Maßstab nimmt, sondern nur noch auf Jesus schaut und darauf, was er gesagt und getan hat … dann stellt man fest, dass es nur eines gibt, was zählt.

Jeder Mensch kann in den Himmel kommen, ganz gleich, wie viel er falsch gemacht hat. Und ebenso kann jedem Menschen der Zutritt verweigert werden – auch wenn er sich immer anständig benommen hat.

Ich musste meiner Freundin eine Antwort geben.

„Kathryn, ich bin fest davon überzeugt, dass jeder von uns einzig und allein durch Jesus Christus gerettet wird. Wir machen alle Fehler, und ohne Gott wären wir alle verloren. Der einzige Unterschied zwischen uns ist, dass manche ihre Sünden besser kaschieren können. Aber wenn wir einmal im Himmel sind, werden wir dort bestimmt eine Menge Leute treffen, die wir niemals bei Gott vermutet hätten. Und andere, von denen wir gedacht haben, dass sie auf jeden Fall im Himmel landen müssten, werden wir vermissen. Gott achtet nämlich auf unser Herz und auf all das, was niemand sonst sehen kann. Dein Vater ist weder in seiner Ehe noch in der Gemeinde besonders erfolgreich gewesen, aber trotzdem ging von ihm etwas aus, das viele Leute berührt hat. Weißt du, ob er an Jesus geglaubt hat?“

Kathryn hatte ihren Dad nie gefragt, wie er zu Jesus Christus stand, und deshalb warf sie sich an diesem Abend vor Gott auf den Boden und flehte ihn um ein Zeichen an. Sie bat ihn inständig, ihr zu zeigen, ob Mike bei ihm im Himmel war. Und Gott sah ihre Verzweiflung und erhörte ihr Gebet.

Am darauffolgenden Tag meldete sich eine Tante bei Kathryn, mit der sie noch nie über geistliche Themen gesprochen hatte. Ohne zu wissen, worum Kathryn Gott gebeten hatte, und mit spürbarem Unbehagen erzählte sie, dass sie letzte Nacht von einer Stimme geweckt worden sei. Sie sei sicher, dass das nur Gott gewesen sein könne, denn die Stimme habe ihr gesagt, dass Mike bei ihm sei und dass er vor ein paar Jahren Jesus Christus sein Herz geschenkt habe. Der äußere Anlass war die Beerdigung von Kathryns Schwiegervater gewesen, und alle in der Verwandtschaft waren sich einig gewesen, dass Mike sich seitdem stark verändert hatte. Offenbar hatte er ein geistliches Erlebnis gehabt, das ihn zwar nicht in einen Musterchristen verwandelt, aber seinem ganzen Wesen eine tiefere, authentische Dimension verliehen hatte.

Gottes Gnade ist so unglaublich, dass es mir kalt den Rücken hinunterläuft. Ich weiß noch, wie ich gezittert habe, während ich das Buch „The Grace Awakening" von Charles Swindoll las, weil mir bewusst geworden ist, was das Wort Gnade für mich persönlich bedeutet.

„Die Gnade ruft uns zu, dass wir nichts zurückgeben, nichts verdienen oder bezahlen müssen. Ja, selbst wenn wir wollten, wären wir dazu gar nicht imstande! … Die Erlösung ist ein Geschenk, mit dem keine Bedingungen verknüpft sind. Wir brauchen einfach nur das anzunehmen, was Jesus für uns getan hat. Punkt. Aus. Ende. Und trotzdem wird seit Jahrhunderten auf der ganzen Welt verkündet, dass wir nur durch gute Werke vor Gott gerecht werden können. Diese Lehre findet deshalb so viel Widerhall, weil unser Stolz so groß ist. Wir möchten unbedingt irgendetwas *tun*, um unser schlechtes Gewissen zu beruhigen, denn unsere humanistische Vernunft kann einfach nicht begreifen, dass etwas so Wertvolles umsonst sein soll."[2]

Gott hat durch eine einzige Tat vollbracht, was wir niemals schaffen würden – egal, wie sehr wir uns auch bemühen. Und als er seinen makellosen Sohn für uns opferte, hat er die Sünde der ganzen Welt auf ihn gelegt. Es gibt keine einzige Sünde, die nicht in diesem einmaligen Lösegeld enthalten wäre, denn Jesus hat schon für alles bezahlt: für jeden Mord, jede sexuelle Sünde oder Perversion, jeden stolzen Gedanken, jeden falschen Gott, den wir anbeten, jedes schlechte Wort, das wir über andere sagen, jede ungeduldige oder schroffe Reaktion. Wir brauchen unsere Schuld nur einzusehen und Jesus Christus um Vergebung zu bitten.

Oft sind nicht die Leute, die im Gefängnis sitzen, am weitesten von Gott entfernt, sondern wir selbst. Wir gehen sonntags zum Gottesdienst, und während der Pastor vorne irgendetwas über einen Gott erzählt, den wir kaum nötig zu haben scheinen, überlegen wir schon, in welchem Lokal wir heute zu Mittag essen wollen.

„Ich habe das alles nicht verdient, ich lebe durch seine Gnade", heißt es in einem Lied. Allmählich gewöhne ich mich immer mehr daran, dass jeder von uns einen Stempel auf der Stirn trägt. Auf meinem steht: „Ich habe versagt, und meine einzige Hoffnung ist Jesus Christus."

Fehlende Knöpfe: Schamgefühle

»3

Können Sie sich an eine Situation erinnern, in der Sie vor lauter Scham am liebsten im Boden versunken wären? Den meisten von uns fällt bei diesem Stichwort sofort irgendein Erlebnis ein. Ich persönlich erinnere mich nur allzu gut an einen Vorfall in meiner Grundschulzeit. Ich war ein schüchternes Mädchen, dessen blondes Haar rechts und links mit rosa Spangen zurückgesteckt war. Da ich um keinen Preis der Welt auffallen wollte, meldete ich mich niemals freiwillig im Unterricht. In der zweiten Klasse hatten wir Mrs Reed als Klassenlehrerin. Sie war längst nicht so nett wie die übrigen Lehrerinnen, die uns auch einmal in den Arm nahmen und trösteten, wenn wir traurig waren. Mrs Reed hatte eine besondere Methode, für Ruhe und Ordnung zu sorgen. Und zwar hingen an den Wänden des Klassenzimmers lauter kleine blaue Schlümpfe. Jeder Schlumpf trug den Namen eines Kindes auf seiner Mütze und hatte drei Magnetknöpfe auf seinem Bauch. (Echte Schlümpfe haben gar keine Knöpfe, das wussten wir damals schon ganz genau.)

Die Jungs machten dauernd Blödsinn, und wenn einer von ihnen erwischt wurde, musste er vor den Augen der ganzen Klasse zu seinem Schlumpf marschieren und einen Knopf wegnehmen. Beim ersten Knopf musste man nach der Pausenglocke noch fünf Minuten im Klassenzimmer bleiben. Was passierte, wenn man alle drei Knöpfe verloren hatte, weiß ich nicht mehr – aber vermutlich wurden unartige Schüler drastisch bestraft.

An jenem Tag, der mir bis heute in Erinnerung geblieben ist, verpasste mir ein Junge namens Brent unter dem Tisch einen Tritt. Als ich mich wehrte und ihm zuflüsterte, er solle aufhören, sah Mrs Reed von ihrem Schreibtisch auf und befahl: „Jennie, nimm einen Knopf weg."

Ich erschrak so sehr, dass sich plötzlich der ganze Raum um mich zu drehen schien. Das konnte doch nicht wahr sein! Bisher hatte ich immer geglaubt, dass mir so etwas niemals passieren würde! Aber es blieb mir tatsächlich nichts anderes übrig, als vor der ganzen Klasse zu meinem Schlumpf hinüberzugehen und einen der Knöpfe abzunehmen.

Als es zur Pause klingelte und die anderen zur Tür hinausrannten, blieb ich wie festgewachsen auf meinem Stuhl sitzen. Die fünf Strafminuten kamen mir wie eine Ewigkeit vor, und ich hätte mich am liebsten in einem Mauseloch verkrochen. Mrs Reed war so eifrig damit beschäftigt, Klassenarbeiten zu zensieren, dass sie kein einziges Mal zu mir herübersah. Bestimmt war sie viel zu enttäuscht von mir, um mich jemals wieder zu beachten. Vor Beschämung wurde mir so heiß, als hätte ich Fieber. Dieses Gefühl habe ich seitdem immer mal wieder. Sogar heute noch würde ich manchmal am liebsten im Boden versinken, obwohl ich weiß, dass Gottes Gnade auch für mich gilt.

Die schwere Last

Alle möglichen Dinge können uns von Gott fernhalten. Nicht einmal die Menschen, die den Anschein erwecken, als ob sie Gott ganz besonders nahe seien, sind ununterbrochen mit ihm auf einer Wellenlänge. Natürlich gibt es Zeiten, in denen wir uns Gott öffnen und auf ihn hören, aber viel häufiger beachten wir ihn kaum – obwohl wir in jedem Bereich unseres Lebens von ihm abhängig sein sollten.

Was tun wir, wenn unsere Sünde uns von Gott trennt? Merkwürdigerweise habe ich noch nie erlebt, dass eines meiner Kinder, nachdem es eingesehen hat, dass es seine Geschwister nicht schlagen darf, zu mir gesagt hätte: „Jetzt bin ich richtig erleichtert. Diese Sünde hat mein Gebetsleben doch sehr beeinträchtigt."

Irgendwie ist es uns anscheinend nicht so wichtig, wie unsere Fehler und Schwächen sich auf unsere Beziehung zu Gott auswirken. Vielleicht liegt es daran, dass Gott in unserem Alltag keine große Rolle spielt, oder wir denken, dass er unsere Sünde einfach hinnimmt. Sobald wir Jesus unser Leben übergeben haben, beginnt Gottes Geist in uns zu wirken, und unser Denken und Verhalten ändert sich. Wir fangen an, Sünde abzulehnen, weil sie sich gegen unsere neue Identität stellt, und wir sehnen uns immer mehr nach Gott. An diesen beiden Merkmalen erkennt man ein Kind Gottes. Falls wir nicht wenigstens ab und zu den Wunsch haben, in Gottes Nähe zu sein, und nicht den geringsten Abscheu vor der Sünde spüren, sollten wir uns fragen, ob wir wirklich an Jesus glauben. Gott möchte, dass wir nicht länger von der Sünde versklavt oder von dem Gefühl der Beschämung erdrückt werden.

Aber viel zu oft lassen wir es zu, dass diese Dinge die Oberhand gewinnen. Ich weiß das aus eigener Erfahrung, und ich sehe es in den Augen anderer Menschen oder höre es in ihrer Stimme, wenn sie mir am Telefon ihr Herz ausschütten. Jeder kennt dieses schreckliche Gefühl, das ich damals spürte, als ich dazu verdonnert wurde, meinem Schlumpf einen Knopf wegzunehmen.

Wie lässt sich das alles miteinander vereinbaren – unsere Beschämung und Gottes Gnade und Heiligkeit? Und wie kann es sein, dass Gott so hohe Maßstäbe anlegt und uns trotzdem immer wieder bereitwillig vergibt?

Ich bin mit dem Gedanken aufgewachsen, dass die Gemeinde so ungefähr der letzte Ort sei, an dem man seine Schwächen zeigen darf. Aber wenn Gottes Gnade real ist, wie kam es dann, dass ich so empfunden habe? Schließlich sollten wir uns an dem Ort, an dem von Gottes Gnade geredet wird, so sicher und geborgen fühlen, dass wir wirklich ehrlich sein können.

Doch die Realität sieht leider anders aus, weil das Evangelium der Gnade mit jedem noch so kleinen Restchen Stolz in uns im Clinch liegt. Wenn Gott uns seine Gnade erweist, nimmt er uns gleichzeitig die Kontrolle – die Möglichkeit, über uns selbst zu bestimmen. Und darum lassen wir uns oft nicht auf diese Gnade ein.

Wir wollen uns das Gefühl verdienen, dass wir eigentlich ganz okay sind. Wir wollen in der Achtung der anderen so hoch steigen, dass sie uns auf den Rücken klopfen und sagen, wie sehr sie uns schätzen. Für einen wirklich schlechten Menschen wie die Prostituierten, die Jesus geheilt hat, oder die Männer, die gerade aus dem Gefängnis entlassen worden waren, kann es ja nichts Besseres geben als Gottes allumfassende Gnade. Doch wir anständigen, braven Leute, die noch nie einen Knopf von ihrem Schlumpf wegnehmen mussten, fühlen uns ein bisschen unbehaglich bei dem Gedanken, dass wir Gott ebenso dringend brauchen könnten wie sie.

Echte Gnade nimmt uns das Recht, über uns selbst zu bestimmen. Aber sie gibt uns dafür etwas viel Besseres.

Ein falscher Anker

In Heathers Augen lag immer ein Ausdruck, der zu sagen schien: *Ich bin es doch gar nicht wert, dass man sich mit mir abgibt.* Um dieses Gefühl zu überspielen, stieß sie andere immer wieder vor den Kopf, sodass sie von selbst die Flucht ergriffen. Auch mir gegenüber benahm sie sich oft sehr abweisend, aber ich habe ihr Benehmen entweder ignoriert, einfach gelacht oder ihr gesagt, sie solle nicht so kratzbürstig sein. Und obwohl wir jahrelang viel miteinander zu tun hatten, konnte ich nie herausfinden, was sich eigentlich unter ihrer rauen Schale verbarg.

Eines Tages kam sie mit hängendem Kopf zu mir und erklärte, dass sie mir etwas sagen müsse. Es dauerte eine ganze Weile, bis sie es herausbrachte, aber schließlich erzählte sie mir, dass sie während des Studiums eine Abtreibung hatte vornehmen lassen. Niemand hatte davon gewusst, weil sie ihr Geheimnis ängstlich gehütet und erst jetzt einigen wenigen Freunden anvertraut hatte.

Betroffen hörte ich ihr zu und versicherte ihr, dass ich sie lieb hatte und dass auch ihr Geständnis nichts daran ändern würde. Ich sagte ihr, dass Gottes Gnade groß genug sei, um ihr zu helfen, dieses traumatische Erlebnis zu verarbeiten. Doch ihrem Blick nach zu urteilen, glaubte sie mir nicht.

Jahrelang hatte sie diese erdrückende Last mit sich herumgeschleppt. Das Gefühl der Scham hatte sie wie ein schwerer Anker nach unten gezogen, und sie war davon überzeugt, dass jeder sie ablehnen würde, der davon erfuhr.

Ich glaube, jeder von uns kennt dieses Gefühl – auch wenn wir nach außen hin ein mustergültiges Leben führen. Wir wissen genau, dass wir in Wirklichkeit gar nicht so anständig sind, wie wir gerne sein wollen. Hinter unserer hübschen Fassade verbirgt sich mancher dunkle, kritische Punkt.

Paulus sagt von sich: „Ich weiß wohl, dass in mir nichts Gutes wohnt. Deshalb werde ich niemals das Gute tun können, sosehr ich mich auch darum bemühe“ (Römer 7,18). Wenn das auf uns alle zutrifft, wie kommen wir dann überhaupt dazu, manchmal so selbstgerecht zu sein? Es dürfte uns eigentlich nichts ausmachen, den anderen unser wahres Gesicht zu zeigen, weil wir ja alle im selben Boot sitzen. Aber wir vermeiden es ängstlich, uns irgendeine Blöße zu geben, weil wir alle schon erlebt haben, dass gerade Christen besonders hart über andere urteilen.

Wenn ich mir Zeit nehmen will, um Gott zu begegnen – und nicht nur ein kurzes Gebet zu sprechen und ein paar Bibelverse zu lesen –, werde ich oft ganz kribbelig und wünsche mich weit fort. Geht es Ihnen ähnlich? Das Wissen, dass Gott all meine Fehler und Schwächen genau kennt, lässt sich irgendwie kaum ertragen. Deshalb begnüge ich mich oft mit einem knappen Gebet und einer kurzen Bibellese, bevor ich mich wieder aus dem Staub mache. Genau genommen bin ich nicht anders als König David, der Folgendes sagte, nachdem er Ehebruch und einen Mord begangen hatte: „Erst wollte ich dir, Herr, meine Schuld verheimlichen. Doch davon wurde ich so schwach und elend, dass ich nur noch stöhnen konnte. Tag und Nacht bedrückte mich dein Zorn, meine Lebenskraft vertrocknete wie Wasser in der Sommerhitze“ (Psalm 32,3-4). Verborgene Schuld beeinträchtigt sogar unsere Gesundheit!

Könnte es vielleicht sein, dass ich das Problem von der falschen Seite angegangen bin? Dass ich die tiefe Beschämung, die ich als Grundschülerin empfunden habe, und dieses Bestreben, Gott aus dem Weg zu gehen, völlig falsch interpretiert habe?

Jeder von uns ist in irgendeiner Weise zerbrochen und unvollkommen. Die Gründe dafür sind vielfältig: Teilweise sind wir selbst dafür verantwortlich, teilweise haben andere uns verletzt, und teilweise leiden wir schlicht und einfach unter dem traurigen Zustand, in dem sich unsere Welt befindet. Doch ganz gleich, welche Ursache zutrifft – Scham und ein schlechtes Gewissen kennen wir alle.

Wenn ich jedoch nicht dauernd vor Gott davonrennen will, habe ich keine andere Wahl, als mich mit dem Gefühl auseinanderzusetzen, das mich in seiner Gegenwart beschleicht. Da es mich so sehr belastet, frage ich mich: Wieso hat Gott eigentlich dafür gesorgt, dass manches so schwer wiegt? Er hat ja das ganze Universum mit allen Naturgesetzen erschaffen. Welchen Zweck hat das Gewicht? Alles, was kein Gewicht hat, steigt auf oder verflüchtigt sich. Durch das Gewicht bzw. die Gewichtskraft fallen Gegenstände immer nach unten, und diese Kraft ist auch der Grund dafür, dass wir mit beiden Beinen auf der Erde stehen. Könnte es sein, dass die Last meiner Sünde einen ähnlichen Sinn hat wie die Gewichtskraft in der Physik?

Wenn ich mich mit meiner Bibel aufs Sofa setze, dann sollte die Tatsache, dass ich am liebsten so schnell wie möglich wieder aufstehen würde, mich eigentlich erst recht dazu anregen, in Gottes Nähe zu bleiben. Das Gewicht meiner Sünde stößt mich nämlich von dem hohen Ross herunter, auf das ich mich mithilfe meines Stolzes geschwungen habe.

Können Sie nachvollziehen, dass ich gerne mit mir selbst zufrieden bin? Ich möchte viel lieber blind für meine Schwächen sein, anstatt mit Tränen in den Augen zugeben zu müssen, dass ich ohne Jesus völlig am Ende wäre. Im Grunde war es immer mein Ziel, eine Frau zu sein, die alles im Griff hat, von anderen bewundert wird und obendrein auch noch glücklich ist. Dass ich ziemlich versagt habe, möchte ich lieber verdrängen …

Wenn ich mich vor lauter Selbstgerechtigkeit aufgebläht habe wie ein Luftballon, dann sind meine Schuldgefühle die Nadel, die den Ballon zum Platzen bringt. Auf einen Schlag wird mir bewusst, dass ich Jesus nötig habe. Ohne diese Erfahrung würde ich nie Gottes Nähe suchen. Trotzdem vermeiden wir es häufig, mit der Last unserer Schuld zu Jesus oder zu anderen Christen zu gehen. Wir verstecken uns lieber, weil ausgerechnet die Orte, an denen von Gottes Gnade die Rede ist, unser schlechtes Gewissen noch vergrößern. Solange wir unsere Sünde und Scham jedoch verdrängen, wachsen sie ins Unermessliche.

Nachdem Heather mir von dem dunklen Punkt in ihrem Leben erzählt hatte, beobachtete ich, wie sie in den darauffolgenden Monaten darum kämpfte, Gottes Vergebung und Heilung zu erleben. Heather war Teil einer Gemeinschaft, in der nicht nur von der Gnade gesungen, sondern in der sie auch praktiziert wird. Wir haben miterlebt, wie Freunde von uns Eheprobleme, Pornografie-Sucht, Depressionen, Missbrauch,

Alkoholabhängigkeit, Ängste und Selbstgerechtigkeit offen ansprachen und durch die Kraft und die Liebe Gottes wiederhergestellt wurden.

Der Ausdruck in Heathers Augen änderte sich, als der Anker, der sie nach unten gezogen hatte, mehr und mehr an Gewicht verlor. Ihre Freunde brachten ihr so viel Liebe entgegen, dass ihr schließlich klar wurde, dass sie jahrzehntelang einer Lüge geglaubt hatte. Was für ein Irrtum, dass andere Menschen oder sogar Gott sie im Stich lassen würden, wenn sie erzählte, was ihr so sehr zu schaffen machte!

Wegrennen oder dableiben?

Aber können wir uns wirklich sicher fühlen, selbst wenn wir barmherzige Menschen gefunden haben? Als Jesus hier auf der Erde war, hat er sich vor allem den Menschen gewidmet, deren Leben völlig verpfuscht war. Die unbescholtenen, ehrbaren Leute erkundigten sich irritiert: „‚Wie kann sich euer Jesus bloß mit solchem Gesindel einlassen!‘ Jesus hörte das und antwortete: ‚Die Gesunden brauchen keinen Arzt, sondern die Kranken. Ich bin gekommen, um Menschen in die Gemeinschaft mit Gott zu rufen, die ohne ihn leben – und nicht solche, die sich sowieso an seine Gebote halten‘“ (Markus 2,16-17).

Dass Schuldgefühle manchmal so schwer auf uns lasten, soll uns daran erinnern, dass wir ebenfalls zu den Menschen gehören, die Jesus brauchen. Jeder von uns ist ein Sünder, und unsere Scham sollte uns dazu bringen, dass wir zu Gott zurückkehren und ihn um Vergebung bitten.

Und warum tun wir das nicht? Warum laufen wir vor ihm davon, anstatt seine Nähe zu suchen?

Manchmal rennen wir vor ihm weg, weil wir nicht zugeben wollen, dass wir im Unrecht sind. Es ist so unangenehm, seine Fehler einzugestehen. Doch wenn Gott uns einen Weg zeigt, der auf den ersten Blick wie ein Schritt rückwärts aussieht, führt uns dieser Weg gewöhnlich in die Freiheit. Wir können unser schlechtes Gewissen nur loswerden, wenn wir uns unserer Sünde stellen und sie zu Gott bringen. Und bei ihm finden wir Frieden, weil Gott zu uns sagt: „Keine Sorge, damit werde ich schon fertig – ja, ich habe mich schon längst darum gekümmert!"

Das Erlebnis, das ich in der zweiten Klasse hatte, war der Anfangspunkt einer Entwicklung, die mein ganzes Leben geprägt hat. Immer wieder hatte ich das bedrückende Gefühl, dass ich einfach nicht gut genug sei. Und sogar heute noch komme ich mir manchmal so vor, als sei ich bei meiner Lehrerin in Ungnade gefallen und müsse fünf Strafminuten auf meinem Stuhl verbringen.

„Durch Christus sind wir frei geworden, damit wir als Befreite leben. Jetzt kommt es darauf an, dass ihr euch nicht wieder vom Gesetz versklaven lasst" (Galater 5,1), mahnt uns der Apostel Paulus eindringlich.

Weder Heuchelei noch Rebellion führen zur Freiheit, sondern beides macht unsere Fesseln nur noch enger. Wahre Freiheit finden wir nur in der Person, die sich liebevoll um die fehlenden Knöpfe auf unserem Schlumpf und um die Narben unserer Seele kümmert.

Als David schließlich doch noch zu Gott kam, hat sich für ihn das Blatt gewendet: „Da endlich gestand ich dir meine Sünde; mein Unrecht wollte ich nicht länger verschweigen. Ich sagte: ‚Ich will dem Herrn meine Vergehen bekennen!' Und wirklich: Du hast mir meine ganze Schuld vergeben! Glücklich ist der Mensch, dem Gott seine Sünden nicht anrechnet und der mit Gott kein falsches Spiel treibt" (Psalm 32,5.2).

Wenn ich Gott wirklich kenne, werde ich zu ihm laufen, sobald sich auch nur die geringste Last auf meine Schultern senkt, und er wird sie mir abnehmen. In all meiner Zerbrochenheit kann ich zu ihm gehen wie die Frau, die beim Ehebruch ertappt wurde. Ich weiß, er wird mir seine Hand reichen, mir aufhelfen und dasselbe zu mir sagen, was er damals zu dieser Frau gesagt hat: „Auch ich verurteile dich nicht. Geh und sündige von jetzt an nicht mehr" (Johannes 8,11; EÜ).

Der Vorgeschmack dieser Freiheit und Vergebung drängt mich dazu, mich von meiner Sünde abzuwenden und auf Gott zuzurennen.

In Römer 2,4 steht: „Für wie armselig haltet ihr denn Gottes unendlich reiche Güte, Geduld und Treue? Seht ihr denn nicht, dass gerade diese Güte euch zur Umkehr bewegen will?“ Wir fürchten oft insgeheim, Gott würde den Menschen ähneln, die uns verletzt und gedemütigt haben, obwohl wir bei ihm so sicher und geborgen sind wie nirgends sonst auf dieser Welt. Seine Gegenwart ist der einzige Ort, an dem unsichtbare Lasten ihr Gewicht verlieren und tiefe Wunden geheilt werden. Gott ist der Einzige, der uns nicht über unseren Erfolg und unser Versagen definiert.

Gibt es eine befreiendere Botschaft als die folgenden Worte?

„Alle sind Sünder und haben nichts aufzuweisen, was Gott gefallen könnte“ (Römer 3,23). „Deshalb sandte Gott seinen Sohn zu uns. Er wurde Mensch und war wie wir der Macht der Sünde ausgesetzt. An unserer Stelle nahm er Gottes Verurteilung der Sünde auf sich“ (Römer 8,3).

Jesus Christus hat das vollbracht, was keiner von uns – und wenn er der vorbildlichste Christ wäre – jemals fertigbringen könnte. Durch ihn sind wir wirklich frei.

Reißende Ströme: » 4

Der Wunsch nach Anerkennung

Es war schon ziemlich spät, und fast nirgends brannte mehr Licht. Ich war noch so mit Telefonieren und Packen beschäftigt gewesen, dass ich völlig vergessen hatte, dass meine Eltern normalerweise um zehn Uhr ins Bett gingen. Doch an jenem Abend waren sie noch wach und warteten darauf, dass ihre älteste Tochter, die inzwischen ihr Studium an der Universität von Arkansas begonnen hatte, fürs Wochenende eintrudelte.

Als ich endlich zu Hause ankam, trat ich in ihr Schlafzimmer und setzte mich auf die Bettkante, weil ich etwas Wichtiges mit ihnen besprechen wollte. Nachdem ich mit siebzehn Jahren zu einem einfachen Holzkreuz aufgeblickt hatte und dort Jesus Christus begegnet war, hatte sich mein Bild von Gott immer mehr verändert. Er war jetzt eine konkrete Realität für mich – er wirkte in meinem Inneren und redete zu mir. Und ich versuchte, ihm zu gehorchen. Allerdings fragte ich mich immer wieder, ob ich tatsächlich bereit war, alles zu tun, was er von mir verlangte. Würde ich vor nichts zurückschrecken – ganz gleich, wie viel es mich kosten würde?

Im Laufe der Zeit rückte Gott immer mehr Dinge in mein Bewusstsein, die ihm wichtig waren. Ich wollte mithelfen, sein Reich zu bauen – nicht nur an der Universität von Arkansas, sondern auf der ganzen Welt. Und ich hatte das Gefühl, dass Gott zu mir sagte, ich solle nach Übersee gehen. Zwar wusste ich noch nicht genau, wohin, aber ich hatte Kontakt zu einer Missionsorganisation, die ein- oder zweijährige Auslandseinsätze durchführte. Wenn ich daran teilnahm, wäre das ein erster Schritt, um meinem Ziel näher zu kommen.

Voller Begeisterung platzte ich also ins Schlafzimmer meiner Eltern und erzählte ihnen: „Mom, Dad, ich glaube, dass Gott mich nach Übersee ruft. Ich weiß noch nicht genau, wohin, aber ich bin fest davon überzeugt, dass er mich im Ausland haben will." Dann sah ich die beiden an und wartete gespannt auf ihre Reaktion.

Der innere Fluss

Jeder Mensch, der bei Bewusstsein ist, wird von Gedanken, Empfindungen und Leidenschaften durchströmt. Unaufhörlich überfluten uns Impulse und regen uns zu bestimmten Reaktionen an. Wie wir leben, was für Entscheidungen wir treffen, ob wir schöpferisch tätig sind oder uns sogar zurückentwickeln – alles lässt sich auf unsere Gedanken- und Gefühlsströme zurückführen, die wir nur selten filtern.

In unserem Alltag denken wir immer wieder an Essen oder Sex, und wir nutzen spontane Einfälle, um E-Mails zu beantworten oder Einkaufslisten zu schreiben. Mit den Empfindungen und Zwängen, die uns auf einer tieferen Ebene durchströmen, beschäftigen wir uns hingegen kaum. Dabei sind es genau diese Zweifel, Träume, Unsicherheiten und Ängste, die uns ihren unverwechselbaren Stempel aufdrücken.

Gott spricht oft von unserem Herzen oder unserer Seele. Wenn nichts so wichtig ist wie mein Herz, warum schaffe ich es dann nicht, es zu beeinflussen oder wenigstens ausfindig zu machen? Es scheint fast mein ganzes Leben lang eigene Wege gegangen zu sein und hat meine Entscheidungen durch Ängste und Sehnsüchte gesteuert.

Dass dieses unsichtbare Kontrollzentrum tatsächlich existiert, merke ich an den Auswirkungen – ich spüre ja die Gefühle, die mich bewegen. Aber wie kann man sein eigenes Herz lenken?

Schon seit meiner Kindheit hat mich der biblische König David fasziniert. Er hat so viele schreckliche Fehler gemacht, und trotzdem schien er förmlich von Gott durchdrungen zu sein. Er war sehr leidenschaftlich, und in den Psalmen, die wie ein Tagebuch seine Gedanken und Gefühle widerspiegeln, tauchen immer wieder Variationen der folgenden Aussage auf: „Der Herr ist auf meiner Seite, und ich brauche mich vor nichts und niemandem zu fürchten. Was kann mir ein Mensch schon antun?" (Psalm 118,6)

Diese Grundhaltung bestimmte sein ganzes Leben. Weil David Gott fürchtete und anbetete, konnte ihn nichts und niemand in Angst und Schrecken versetzen. Was war der Unterschied zwischen meinem Glauben und dem von König David?

Bei der Strömung in meinem Inneren handelte es sich nicht nur um einen kleinen Bach – es war ein reißender Strom. Ich fürchtete mich vor der Ablehnung anderer. Diese Angst ertränkte meine Hingabe an Gott und überschwemmte mein ganzes Leben. Ich liebte Gott, aber die sichtbaren Menschen um mich herum waren mir noch wichtiger. Und darum beugte ich mich ihren Wünschen, damit ich ihre Anerkennung bekam. So war es auch an jenem Abend, als ich auf die Reaktion der beiden Menschen wartete, auf deren Urteil ich größten Wert legte.

Was man über Gott wissen muss, habe ich in meiner Kindheit und Jugend gelernt, und dazu gehört auch, dass er unser uneingeschränkter Herr sein will. Er sehnt sich danach, dass ich ihn von ganzem Herzen, mit ganzer Hingabe und mit all meiner Kraft liebe (vgl. 5. Mose 6,5). Aber damals war ich dazu gar nicht imstande, denn ich war viel zu beschäftigt, alle Leute um mich herum zufriedenzustellen. Das hat eigentlich auch ganz gut funktioniert – wenigstens meistens. Nein, eigentlich hat es überhaupt nicht funktioniert. Ich war innerlich am Ende, weil es unmöglich ist, es immer und überall jedem recht zu machen.

■ ■ ■

War ich die Einzige, die in diesem Dilemma steckte? Die Gott liebte und trotzdem jedem anderen mehr diente als ihm?

Von meiner Freundin Julie kann man nicht behaupten, dass sie ängstlich darauf bedacht wäre, anderen Leuten zu gefallen. Sie nimmt grundsätzlich kein Blatt vor den Mund. Wir sind schon häufig aneinandergeraten, weil sie jemanden durch eine taktlose Bemerkung verletzt hat. Trotzdem habe ich sie immer bewundert, weil sie ganz anders ist als ich. Es scheint ihr nichts auszumachen, wenn andere sie kritisieren. Sie strotzt förmlich vor Selbstbewusstsein.

Doch weil ich sie kenne, weiß ich, dass sie im Grunde ihres Herzens genauso viel Angst hat wie ich. Sie hat sich nur einen anderen Panzer zugelegt. Ich glaube, dass es niemandem wirklich egal ist, was andere über ihn denken. Wenn uns überhaupt nichts an der Anerkennung derjenigen Menschen liegen würde, die wir lieben, wären wir nicht aus Fleisch und Blut. Die meisten Leute können ganz gut damit leben, dass sie es nicht jedem recht machen können. Aber jeder Mensch wünscht sich zumindest *ein* Gegenüber, das voll und ganz mit ihm zufrieden ist.

Als ich an jenem Abend im Schlafzimmer meiner Eltern saß und ihnen erzählte, dass ich ins Ausland gehen wollte, ahnte ich, dass mein Plan absolut nicht mit ihren Vorstellungen für mein Leben übereinstimmte. Meine Eltern verboten mir nicht ausdrücklich, an einem Auslandseinsatz teilzunehmen, aber ich spürte deutlich, dass sie diese Idee nicht gut fanden.

Also blieb ich zu Hause und griff diesen Plan nie wieder auf. Meinen Eltern zu gefallen, war mir wichtiger, als Gott zu gehorchen.

Obwohl meine Liebe zu Gott und meine geistliche Erkenntnis in den darauf folgenden zehn Jahren immer mehr zunahmen, versiegte dieser innere Fluss, der mich dazu brachte, mehr auf andere Menschen zu hören, keineswegs. Im Gegenteil, er schwoll zu einem Strom an, der mich immer wieder mit Angst und Verzweiflung überschwemmte.

Bevor ich mich Gott ganz und gar anvertrauen konnte, mussten die anderen Menschen in meiner Wahrnehmung schrumpfen ... Nur wie?

Unbehagliche Stille

Wenn Sie Ihre Augen schließen und es um Sie herum ganz still ist, werden Sie Ihr Herz hören können. Natürlich ist unser Herz immer da, aber die Gedanken und Gefühle, von denen es durchströmt wird, bemerken wir erst, wenn es so ruhig ist, dass wir uns fast unbehaglich fühlen.

Der stärkste Impuls, den ich in meinem eigenen Herzen finde, ist das verzweifelte Bestreben, es jedem anderen recht zu machen außer Gott. Und ich habe Angst, dass er genau das merken wird, sobald ich ihn ein bisschen näher an mich heranlasse. Manchmal wage ich es trotzdem, und dann blicken wir gemeinsam auf dieses unruhige Gewässer, das mich völlig auslaugt. Obwohl mein himmlischer Vater jedes Recht dazu hätte, macht er mir niemals Vorwürfe.

Wer liebt, wünscht sich, dass seine Liebe von ganzem Herzen erwidert wird. Gott empfindet genauso, aber ich speise ihn mit den kümmerlichen Resten ab, die ich für ihn übrig habe.

Gott weiß, dass wir alle mit dem Problem kämpfen, wie wir *ihm* die oberste Priorität einräumen können. Darum hat er schon vor vielen Jahren einen Propheten beauftragt, durch sein eigenes Leben die Frage zu beantworten, die ich mir heute stelle: Wie können wir es schaffen, zu Gott zurückzukehren und nicht anderen Menschen oder Dingen einen höheren Rang zu geben?

Gott sah, dass das Volk Israel alle möglichen Götzen anbetete statt den einzig wahren Gott. Um die Israeliten darauf aufmerksam zu machen, befahl er seinem Diener Hosea, eine Prostituierte zur Ehefrau zu nehmen. Hosea gehorchte und heiratete eine Prostituierte namens Gomer. Das Paar bekam mehrere Kinder, und obwohl Hosea ein liebevoller und fürsorglicher Ehemann war, kam Gomer nicht von ihren ehemaligen Liebhabern los, die sie nur missbrauchten. Die Ströme ihres Herzens waren so gewaltig, dass sie fast darin ertrank.

Als ich begann, das biblische Buch Hosea zu lesen, dachte ich zunächst, dass es in erster Linie von Gottes Zorn handeln würde – von seinem Zorn auf das Volk Israel … und auf mich. Tatsächlich klingen manche Verse nicht besonders freundlich, zum Beispiel: „Ich habe kein Erbarmen mehr mit den Israeliten … Ihr seid nicht mehr mein Volk, und ich bin nicht mehr für euch da" (Hosea 1,6.9).

Aber schließlich, mitten in dieser atemberaubenden Metapher, spricht Gott zu seinem Volk, das ihm so untreu war wie die Prostituierte Gomer: „Doch dann werde ich versuchen, sie wiederzugewinnen: Ich will sie in die Wüste bringen und in aller Liebe mit ihr reden. Dort wird sie auf meine Worte hören. Sie wird mich lieben wie damals in ihrer Jugend, als sie Ägypten verließ. Dann will ich ihr die Weinberge zurückgeben; das Achortal, das Unglückstal, soll für sie ein Tor der Hoffnung sein. Ja, ich, der Herr, verspreche: An diesem Tag wird sie nicht mehr zu mir sagen: ‚Mein Baal', sondern sie wird mich wieder ihren Mann nennen. Den Namen Baal werde ich aus ihrem Mund nicht mehr hören, nie wieder wird sie die Namen anderer Götter erwähnen" (Hosea 2,16-19).

Jedes Mal, wenn ich am Ufer meiner Sünde sitze und denke, dass Gott mir jetzt sicher gleich ordentlich den Kopf waschen wird, tritt er stattdessen in den Fluss und leitet ihn um. „Wie ein Wasserbach ist das Herz des Königs in der Hand des Herrn; er lenkt es, wohin er will" (Sprüche 21,1; EÜ). Gott ist der Einzige, der mein Herz in die richtige Richtung lenken kann. Während ich Menschen und Dingen hinterherjage, geht er mir unablässig nach und bemüht sich so lange um mich, bis ich zu ihm zurückkomme. Er erinnert mich daran, dass er mein Versorger ist, und bringt mich zurück an einen Ort, wo es mir gut geht. Dort brauche ich mich nicht mehr verzweifelt im Kreis zu drehen, und statt Furcht und Unsicherheit herrschen hier Annahme und Frieden.

Ich kann nicht verhindern, dass andere Menschen immer wieder von mir enttäuscht sind. Aber wenn Gott, der Herr des ganzen Universums, für mich ist, wer sollte dann gegen mich sein? Vor wem sollte ich mich fürchten?

■ ■ ■

Nachdem Gott im Sommercamp für mich real geworden war, gründete ich in der Schule einen Bibelkreis. Nicht etwa, weil ich mich irgendwie dazu verpflichtet fühlte; ich hatte einfach das Bedürfnis, anderen von Jesus zu erzählen. Darum traf ich mich mit ein paar jüngeren Mädchen und berichtete ihnen voller Begeisterung, was ich über Gott wusste.

Seit dieser Zeit spüre ich eigentlich ziemlich genau, wozu Gott mich gebrauchen möchte. Sowohl für mich selbst als auch für viele andere Menschen wurde schnell offensichtlich, dass er mir die Gabe des Predigens und Lehrens geschenkt hat. Und genau wie jedem anderen Christen hat Gott auch mir diese Talente gegeben, damit ich sie zu seiner Ehre benutze.

Sobald ich jedoch vor anderen sprach oder Artikel schrieb, stand ich in gewisser Weise im Rampenlicht, und das machte mich richtig krank. Unablässig schlug ich mich mit der Sorge herum, was die anderen wohl über mich dachten. Mit der Kritik, die sie gelegentlich äußerten, kam ich erst recht nicht klar. Ich hatte so große Angst vor der Missbilligung anderer Menschen, dass ich lieber in Kauf nahm, meine Talente brachliegen zu lassen. Wenn ich trotzdem Bibelkreise hielt, war ich äußerst zurückhaltend. Ich achtete ängstlich darauf, wie die anderen auf mich reagierten, und sobald irgendjemand etwas Negatives sagte, war ich wie gelähmt.

Anstatt Gott meinen Wunsch nach Anerkennung zu opfern, verzichtete ich auf die Berufung, die er mir gegeben hatte. Ich wünschte die Talente weit fort, mit denen er mich ausgestattet hatte, weil mir der Preis einfach zu hoch war. Diese Gaben zu nutzen, kostete mich die Anerkennung einiger Menschen, nach der ich mich doch so sehnte.

Und so blieb das kleine bisschen Arbeit, das ich in meinen wenigen Lebensjahren auf der Erde erledigen sollte, ungetan. Ich war keinen Deut besser als der biblische Prophet Jona, der sich weigerte, den Menschen in Ninive eine Botschaft von Gott auszurichten. Glücklicherweise hat Gott mich nicht ebenfalls einem großen Meeresbewohner zum Fraß vorgeworfen.

Doch ab und zu, wenn ich meine Augen schloss und es ungemütlich still um mich wurde, fragte ich mich, ob mir nicht doch ewas fehlte. Verpasste ich womöglich vor lauter Menschenfurcht das, was im Leben wirklich zählte?

Unser himmlischer Vater weiß, dass wir erst dann aufhören, uns falschen Liebhabern an den Hals zu werfen, wenn wir *ihn* zu unserer Nummer eins machen. So lange drehen wir uns jedoch im Kreis und suchen verzweifelt nach Anerkennung. Wir denken, Gott sei weit weg, weil seine Stimme von dem Rauschen der reißenden Ströme in unserem Inneren übertönt wird, und verpassen dabei all das Schöne, das er für uns bereithält.

Jenga-Türme: Ansprüche ans Leben

5

Es war unser erstes Date. Zac sah wirklich gut aus in seinem karierten Hemd mit den hochgekrempelten Ärmeln. Aber ich ahnte nicht im Geringsten, dass ich gerade dem Mann gegenübersaß, den ich einmal heiraten würde. Wir hatten uns in einem Sommercamp kennengelernt, bei dem wir beide als Seelsorger mitgearbeitet hatten – dasselbe Camp, in dem ich vor ein paar Jahren Jesus Christus begegnet war. Ich weiß noch, dass ich bei unserer Verabredung kaum zum Essen kam, weil Zac mich ständig mit Fragen bombardierte.

Er wollte alles Mögliche über mich wissen und fragte zum Beispiel: „Was wünschst du dir am allermeisten für dein Leben?"

Darüber musste ich nicht lange nachdenken. Zu diesem Zeitpunkt spielte Gott bereits eine so große Rolle für mich, dass ich voller Leidenschaft und etwas naiv antwortete: „Ich möchte auf keinen Fall so ein 08/15-Leben führen."

Wenn ich die Familien in meiner Umgebung betrachtete, fühlte ich mich wie ein Hippie aus den Sechzigerjahren. Statt mich mit einem braven, gutbürgerlichen Dasein abzufinden, sehnte ich mich nach einem außergewöhnlichen Leben. Obwohl ich nicht einmal genau sagen konnte, was ich damit meinte, wollte ich um keinen Preis normal sein. Das gefiel Zac so sehr, dass er ein paar Wochen später eine elfstündige Autofahrt auf sich nahm, um mich wiederzusehen. Wir heirateten und versuchten von nun an gemeinsam, uns nicht von gesellschaftlichen Konventionen einengen zu lassen.

Eine Zeit lang funktionierte das auch ganz gut. Wir waren jung, abenteuerlustig und voller Begeisterung – bis ich nach ein paar Jahren einen Schwangerschaftstest machte, der positiv ausfiel. Das änderte alles. Auf einmal erschien es uns gar nicht mehr so abwegig, eine Hypothek für ein hübsches Haus mit einem freundlichen Kinderzimmer aufzunehmen und eine gute Krankenversicherung abzuschließen. Das 08/15-Leben anderer bekam schlagartig einen gewissen Reiz.

Noch bevor unser erstes Kind geboren wurde, zogen wir in die Nähe unserer Familien. Ich weiß noch genau, wie ich damals mit einer Freundin zusammensaß, die ebenfalls gerade ihr erstes Kind erwartete. Wir unterhielten uns über unsere Zeit auf dem College – vor allem darüber, wie engagiert und leidenschaftlich wir uns für Gott eingesetzt hatten. „Diese Hingabe will ich nie verlieren", erklärte ich nachdrücklich. „Ich will auf keinen Fall abstumpfen, aber ich merke trotzdem immer wieder, dass ich öfter über verschiedene Kinderwagen-Modelle nachdenke als über den Himmel."

„Ich glaube, dass wir unsere Studienzeit nicht mehr zurückholen können", erwiderte meine Freundin. „Wir müssen uns wahrscheinlich damit abfinden, dass wir nie wieder so radikal sein werden wie damals."

Mir graute entsetzlich davor, dass sie recht haben könnte.

Natürlich wusste ich, dass es anderen Leuten ganz ähnlich ging: Je mehr Verpflichtungen sich in unser Leben drängten, desto weniger Raum blieb für Gott. Zwar hatten Gottesdienst, Hauskreis und ehrenamtliches Engagement durchaus ihren festen Platz in unserem Terminkalender, doch an die Stelle der Bereitschaft, uns von Gott jederzeit und überall gebrauchen zu lassen, war ein durchorganisierter Alltag mit einem ausgeklügelten Haushaltsbudget getreten.

Aber hatte Gott sich die Sache wirklich so gedacht? War er damit zufrieden, wenn seine Kinder ihm in einer bestimmten Phase ihr Leben rückhaltlos zur Verfügung stellten, nur um später wieder in die gewohnte Tretmühle zurückzukehren und sich gelegentlich voller Wehmut an ihre Sturm-und-Drang-Zeit zu erinnern?

Das konnte einfach noch nicht alles sein! Doch mir blieb keine Zeit, darüber nachzugrübeln, weil der Entbindungstermin näher rückte und wir eifrig damit beschäftigt waren, das Kinderzimmer einzurichten. Und schließlich war – wenn man von meiner inneren Unruhe absah – alles in bester Ordnung. Es ging uns so gut, dass mir der Gedanke, unser normales Leben aufzugeben, nicht nur beängstigend, sondern geradezu absurd erschien.

War es nicht möglich, beides miteinander zu vereinen? Sich Gott vollkommen anzuvertrauen und gleichzeitig das Leben zu führen, das ich mir vorstellte? Ich hatte das Gefühl, mein Vater im Himmel würde sich abwartend zurücklehnen, während ich ausprobierte, ob mir dieser Spagat gelang.

Rasensprenger

Nicht lange nachdem unser Baby geboren war und wir es uns in unserem ersten Haus gemütlich gemacht hatten, ging ich mit meiner Freundin Aimee spazieren, die ebenfalls gerade Mutter geworden war. Wir kamen beide aus einem ähnlichen Elternhaus, in dem man gut für uns gesorgt und viele unserer Wünsche erfüllt hatte. Und nun hofften wir beide, dass wir unseren eigenen Kindern ebenfalls einen optimalen Start ins Leben ermöglichen konnten: Sie sollten nahe bei den Großeltern wohnen, eine gute Schule besuchen, nette Freunde finden und viele schöne Dinge erleben, die uns als Familie noch enger zusammenschweißen würden.

Während wir so die Straße entlangschlenderten, merkte ich, dass

Aimee sehr aufgewühlt war. Sie erzählte mir, dass sie sich danach sehnte, all das zu erleben und zu erreichen, was Gott für sie bereithielt. Und dass sie bei sich ein gewisses Anspruchsdenken festgestellt hatte. Bei dem Wort „Anspruchsdenken“ wurde ich nervös, denn ich befürchtete, dass jetzt ein Stein ins Rollen kam, der mein schönes Gedankengebäude zertrümmern würde: die grandiose Idee, dass ich sowohl Gottes Pläne als auch meine eigenen Vorstellungen unter einen Hut bekommen könnte.

Aimee wusste, dass es nicht falsch war, ihrem Kind ein hübsches Zuhause, eine gute Schule und nette Spielkameraden bieten zu wollen. Aber sie fragte sich, ob diese Erwartungen wirklich von Gott stammten. Hatte sie vielleicht unbewusst eine falsche Anspruchshaltung eingenommen? Meinte sie, Gott sei dazu verpflichtet, ihrer Familie ein angenehmes und sicheres Leben zu ermöglichen?

Was mich selbst anging, so hatte Aimee jedenfalls den Nagel auf den Kopf getroffen: Wir wohnten nicht weit von meinen Eltern entfernt und dazu noch ganz in der Nähe meiner besten Freunde vom College. Die Wände unseres Kinderzimmers passten farblich zur Bettwäsche, und die Kleidung meines kleinen Sohnes hätte auch für fünf Babys gereicht. Ich erlebte gerade, dass einer meiner Träume wahr wurde – und trotzdem schien es, als ob sich Gott immer weiter von mir entfernte. Konnte es sein, dass es genau umgekehrt war: dass all das, was Gott mir meiner Meinung nach geben wollte, mich in Wirklichkeit von ihm trennte?

Vielleicht sollte ich Ihnen ein bisschen von meinen jetzigen Lebensumständen berichten: Ich sitze in einem mollig warmen, hübsch eingerichteten Homeoffice. Das Haus, in dem wir wohnen, ist unser Eigentum – das heißt, es wird uns einmal gehören, wenn wir immer pünktlich unsere Hypothekenraten zahlen. Auf meinem Schreibtisch steht eine wunderschöne weiße Orchidee, die sogar hier in Amerika ein echter Luxus ist. (Mal sehen, ob sie bei meiner Pflege überleben wird.) Aus meinem Kaffeebecher steigt ein herrliches Aroma, und vor unserem Haus steht ein geräumiger Geländewagen. Meine Kinder haben sowohl eine Wii als auch ein Trampolin.

Geld und Sicherheit lassen uns für vieles andere blind werden. Es geht uns so gut, dass wir uns unwillkürlich den Regeln unserer Wohlstandsgesellschaft beugen und manche Annehmlichkeiten irgendwann für unser gutes Recht und für „normal" halten. Und ehe wir uns versehen, glauben wir nicht mehr an Gott, sondern an seine Gaben.

Aber was ist denn normal?

Wenn wir über den Tellerrand unserer Kultur schauen, sehen wir, dass viele Menschen auf dieser Welt sterben müssen, weil sie kein sauberes Trinkwasser haben … während ich den Rasensprenger in unserem Vorgarten anstelle, damit unsere Nachbarn nicht die Stirn runzeln. Und sogar diejenigen von uns, die wirklich Mühe haben, über die Runden zu kommen, gehören noch zu dem einen Prozent der reichsten Menschen dieser Erde.

Nicht lange nachdem ich mit Aimee spazieren gegangen war, marschierte ich zu meinem Mann, der ohne große Ambitionen dabei war, die Karriereleiter hinaufzuklettern. Ich teilte ihm mit, dass ich bereit sei, aus unserem schönen Zuhause mit dem hübschen Kinderzimmer auszuziehen und meine Verwandten und Freunde zu verlassen … falls Gott uns eine andere Aufgabe übertragen wollte. Ein paar Monate später vertraute Zac mir an, er habe den Eindruck, Gott rufe ihn wieder in den vollzeitlichen Dienst, und noch ein paar Monate später stand unser Haus zum Verkauf.

Zwar war ich zu diesem Zeitpunkt noch nicht so weit, mich Gott restlos auszuliefern, aber einiges ist damals tatsächlich für mich „gestorben". Es war ein weiterer Schritt im Prozess des Loslassens: Ich opferte Gott meine Vorstellung von einem normalen, perfekten Leben.

Kleine Tode fühlen sich immer wie ein riesiger, schrecklicher Tod an, bis wir endlich loslassen können. Und im Nachhinein fragen wir uns verwundert, wieso uns das eigentlich so viel ausgemacht hat …

Jenga-Türme

Durch unsere lange Ausbildung und unseren Dienst für Gott sind Zac und ich so oft umgezogen, dass ich es irgendwann kaum erwarten konnte, mich endlich auf Dauer irgendwo niederzulassen. Zwar hatten wir uns in jeder einzelnen Mietwohnung sehr wohlgefühlt – die Nebenkosten waren nicht allzu hoch, und wir hatten uns auch nicht um den Garten kümmern müssen. Aber ich kam innerlich einfach nicht zur Ruhe und dachte ständig daran, wie ich mir unser Leben ursprünglich erträumt hatte: Vorhänge vor den Fenstern waren für mich zu einem Symbol der Beständigkeit geworden. Natürlich waren es nicht die Vorhänge selbst, die mir wichtig waren; ich spürte tief in meinem Innern den Wunsch, irgendwohin zu gehören. Meine Familie sollte endlich Wurzeln schlagen können. Obwohl es uns in den Jahren, in denen wir immer wieder umgezogen waren, rundum gut ging, schielte ich dauernd auf die Lebensumstände anderer Leute. Und viele unserer Freunde besaßen hübsche kleine Eigenheime mit Gardinen vor den Fenstern …

Aber weder andere Menschen noch materielle Dinge oder ein perfekt eingerichtetes Häuschen werden unsere tiefsten Sehnsüchte stillen können. Im Gegenteil: Je mehr wir unter Dach und Fach bringen, desto größer wird unsere Angst, dass wir es wieder verlieren könnten. Es ist so ähnlich, wie wenn ich mit meinen Kindern Jenga spiele, das Geschicklichkeitsspiel mit den quaderförmigen Holzsteinen. Irgendwann ist der Turm, den wir gebaut haben, so hoch, dass er beinahe umkippt. Und obwohl ich genau weiß, dass er umkippen wird, würde ich den Spieler, der ihn schließlich zum Einsturz bringt, am liebsten in die Seite boxen. (Natürlich bin manchmal auch ich daran schuld, aber das kommt nicht so häufig vor, ehrlich!) Wir haben uns so große Mühe beim Bauen gegeben und ja auch schon einkalkuliert, dass der Turm umfallen wird; aber trotzdem ärgere ich mich jedes Mal von Neuem, wenn es dann tatsächlich passiert.

Glücklicherweise gibt es in unserem Leben etwas, das nie zusammenstürzen wird: einen Standard, der für immer bestehen bleibt. Das Paradoxe an unserem Glauben an Gott und die übernatürlichen Dinge ist nämlich, dass sich gerade das Unsichtbare als äußerst zuverlässig und tragfähig erweist. Alles, was wir sehen und anfassen können, ist dagegen so flüchtig und wechselhaft wie der Wind. Wir versuchen, diese Dinge festzuhalten, und merken immer wieder, dass sie uns durch die Finger rinnen und in unserer Seele ein tiefes Loch hinterlassen. Doch wenn ich mit dieser inneren Leere zu Gott gehe, erlebe ich, dass er ein sicherer Felsen ist, bei dem ich mich geborgen fühle.

■ ■ ■

Michelle und ihr Mann waren kurz nach der Gründung unserer Gemeinde zu uns gestoßen und hatten sich von Anfang an mit Leib und Seele engagiert. Eines Tages schrieb Michelle mir eine E-Mail und fragte, ob wir uns zum Mittagessen treffen könnten. Als wir uns gegenübersaßen, merkte ich, dass ihr irgendetwas schwer zu schaffen machte. Sie vertraute mir an, wie traurig sie war, weil ihr Mann und sie sich schon so lange ein Kind wünschten. In ihrem Bekanntenkreis hatten viele Frauen ein Kind nach dem anderen bekommen, während sie selbst immer noch vergeblich auf eine Schwangerschaft hoffte. Eine ganze Weile redeten wir über unerfüllte Träume und darüber, dass uns Gottes Handeln oft völlig unverständlich erscheint. Warum lässt Gott so viele Kinder auf die Welt kommen und gibt ausgerechnet diesen beiden wunderbaren Menschen keines? Allerdings hatte ich das Gefühl, dass sich unter Michelles Schmerz noch etwas anderes verbarg, das sie nicht ausgesprochen hatte.

„Was ist denn das Allerschlimmste daran, Michelle?“, erkundigte ich mich.

Zögernd antwortete sie: „Ich fühle mich wie eine Außenseiterin.

Alle meine Bekannten stecken jetzt in der Lebensphase, in der die Familie am wichtigsten ist, und ich kann nirgends mitreden."

Der Weg, den Gott Michelle und ihren Mann führte, war an sich schon schwer zu bewältigen; doch das Gefühl, sich von allen anderen Leuten zu unterscheiden, machte ihn noch steiniger. Michelle litt darunter, und sie fühlte sich einsam.

Wie kommt es, dass uns gewisse gesellschaftliche Normen und Übereinstimmungen ein Gefühl der Sicherheit geben? Natürlich trifft man gelegentlich Rebellen, die lieber sterben wollen, als genau so zu sein wie alle Übrigen. Doch die meisten von uns fühlen sich am wohlsten, wenn sie mit Menschen zusammen sind, mit denen sie einen gemeinsamen Nenner haben. Wir mögen die Leute, die uns ähnlich sind, und es liegt ja auch in unserer menschlichen Natur, dass wir eng mit anderen verbunden sein und uns gegenseitig unterstützen wollen.

Allerdings scheint Gott häufig gar nicht so sehr daran interessiert zu sein, uns zu einem Leben zu verhelfen, in dem alles perfekt funktioniert und zusammenpasst. Ich habe keine Ahnung, was für Pläne er für Ihr Leben hat, aber ich bin davon überzeugt, dass wir seine Stimme erst hören können, wenn wir das eine oder andere loslassen. Gott gibt sich nicht mit dem zweiten oder dritten Platz auf unserer Prioritätenliste zufrieden, und wenn er zu uns spricht, wird uns das gewöhnlich etwas kosten.

Ich habe lange Zeit geglaubt, Jesus Christus nachzufolgen, dürfe uns nicht allzu viel abverlangen. Doch die Nachfolge hat einen hohen Pauschalpreis, das ist schon immer so gewesen. Auch wenn es uns nicht einleuchtet, so sind die wenigen Jahre, die wir auf dieser Erde verbringen, aus Gottes Perspektive keineswegs der Höhepunkt unserer Existenz. Und deshalb ist es in Ordnung, dass er ab und zu unsere Pläne, ein ganz normales Leben zu führen, durchkreuzt.

Pelzmäntel

Wenn ein Christ sich rückhaltlos für Gottes Ziele einsetzt, findet er bei Menschen, die Gott noch nicht kennen, oft großen Anklang. Dass jemand tut, wovon er überzeugt ist, ruft bei vielen Leuten Anerkennung und manchmal sogar Bewunderung hervor. Wenn Christen glauben, dass sie in alle Ewigkeit bei Gott sein werden, dann ist es eigentlich nur logisch, dass sie nicht allzu sehr an dieser Erde hängen. Und obwohl uns manches von den Leuten unterscheidet, die nicht an Jesus glauben, werden wir feststellen, dass sie in gewisser Hinsicht von uns fasziniert sind, solange wir sie nicht verurteilen oder links liegen lassen.

Wissen Sie jedoch, wer uns mit Sicherheit in die Quere kommen wird, wenn wir unsere Hingabe ernst nehmen? Nicht die Heiden, sondern die anderen Christen. Wenn wir tatsächlich an den Himmel, die Hölle und einen souveränen Gott glauben und uns sogar entsprechend *verhalten* … dann werden andere Christen schockiert sein und uns fragen, ob wir denn noch alle Tassen im Schrank hätten.

Ich bin ein Fan der Narnia-Bücher von C. S. Lewis, weil in diesen Geschichten auf unnachahmliche Weise zwei parallel existierende Welten dargestellt werden. Das magische Land Narnia und unsere eigene Welt sind zwei verschiedene Realitäten, die unabhängig voneinander ihren Lauf nehmen. Der Löwe Aslan, der Jesus Christus repräsentiert, ist der größte Held der „Chroniken von Narnia". Im zweiten Band („Der König von Narnia") wird außerdem das Mädchen Lucy, die Jüngste der vier Geschwister, zur Hauptperson.

Dass sie glaubt, was andere nicht sehen können, macht sie zur Heldin. Auf unser eigenes Leben übertragen, heißt das, dass Gott auch jeden Einzelnen von uns in ein anderes Universum ruft. Und ganz ähnlich wie Lucy sich durch die Pelzmäntel im Wandschrank gezwängt hat, um nach Narnia zu gelangen, sollen wir unsere Zweifel überwinden. Erst dann können wir nämlich die unsichtbare, ewige

Geschichte erkennen, in der wir – erstaunlicherweise – eine wichtige Rolle spielen.

Gerade jetzt passiert um uns herum alles Mögliche, und ich wünschte, der Himmel, Gott und die Engel wären ebenso real für uns wie unser täglicher Alltag. Die unsichtbare Welt sollte unser Standard sein – nicht die sichtbare. So mysteriös es auch sein mag: Wenn wir bekennen, dass wir an Gott glauben, sagen wir damit auch, dass wir von der Existenz der unsichtbaren Welt überzeugt sind. Allerdings scheinen wir den Gedanken daran die meiste Zeit zu verdrängen. Und unser Vater im Himmel interessiert uns häufig nur insoweit, dass wir ihn bitten, unsere wackligen Jenga-Türme vor dem Einsturz zu bewahren.

Nicht, dass es Gott etwas ausmachen würde, uns zu helfen – er möchte ja, dass wir ihn brauchen. Aber ich kann mir gut vorstellen, dass er aus seiner ewigen Perspektive auf uns herabschaut und denkt: *Wenn meine Tochter nur ihren Kopf heben und nach oben blicken würde, würden ihre Probleme viel kleiner werden, und die Ewigkeit an meiner Seite bekäme eine viel größere Dimension.*

■ ■ ■

Als Aimee und ich mit unseren Kinderwagen durch unsere schöne Wohngegend spazierten, äußerte sie ihre Unzufriedenheit: Ein Leben, in dem es nur darum ging, der eigenen Familie möglichst viele Annehmlichkeiten zu sichern, reichte ihr nicht mehr. Statt für den Standard zu kämpfen, den sie bisher für normal gehalten hatte, wollte sie sich auf alles einlassen, was ihr himmlischer Vater mit ihr vorhatte. Sie wusste nicht, was kommen würde, aber sie vertraute sich Gott trotzdem voll und ganz an. Sie war bereit, ihm zu folgen.

Vor Kurzem habe ich wieder einmal mit Aimee gesprochen, und sie erzählte mir, dass ihr Mann und ihre älteste Tochter gerade in Haiti gewesen waren und dort beim Wiederaufbau angepackt hatten.

Wir redeten über Gott, unser Leben und was es bedeutet, sich selbst zu verschenken. Sie hatte mich aus Memphis angerufen, einer Stadt, die auch heute noch von massiven Rassenproblemen geprägt ist. Als Teil einer Bewegung, die sich zum Ziel gesetzt hat, Versöhnung und Frieden herbeizuführen, haben Aimee und ihr Mann mitgeholfen, eine neue Gemeinde zu gründen. Momentan wohnen sie mit ihren drei Töchtern mitten im Zentrum, wo man immer wieder Revolverschüsse hört. Sie sind weit weg von ihrer Verwandtschaft, es gibt dort keine gute Schule, und sie besitzen weder ein schönes Haus noch sonst irgendetwas Nennenswertes.

Aber sie geben Gottes Liebe an andere weiter – durch ihr Leben, das in keiner Weise normal ist. Jedes Mal, wenn ich mit Aimee telefoniert habe, wünsche ich mir, ich könnte ebenfalls so ein radikales Leben führen. Sie ist förmlich von Gott durchdrungen, und sie investiert alles, was sie hat, um den Armen und Zerschlagenen zu dienen. Vor vielen Jahren hat sie ihr Anspruchsdenken aufgegeben, und Gott hat sie beim Wort genommen.

Was wäre, wenn Gott, der Himmel und die Ewigkeit unser eigentlicher Standard wären, an dem sich alles andere orientieren müsste?

Würde das unser Leben nicht völlig auf den Kopf stellen?

Imaginäre Wunschzettel: » 6
Träume und Ängste

„Heute habe ich in meinem Tagebuch eine Rubrik begonnen, wo ich ganz genau aufschreibe, wie ich mir meine Zukunft vorstelle“, erzählte Alex mir am Telefon. Vermutlich wippten ihre blonden Ringellocken in diesem Moment vor Aufregung auf und ab, und ihr Gesichtsausdruck ähnelte dem eines fünfjährigen Mädchens, das seine Mutter um ein Eis bittet. Alex war neunzehn, studierte im dritten Semester an der Universität von Texas und hatte jeden Grund, sich ihre Zukunft optimistisch auszumalen.

Begeistert fuhr sie fort: „Ich habe mir sogar ein paar Bilder von den Dingen, die ich mir wünsche, in mein Tagebuch geklebt: ein weißes, zweistöckiges Haus, einen schwarzen Volvo, einen gut aussehenden Mann und ein paar niedliche Kinder.“

Ich war so verblüfft, dass mir im ersten Moment die Sprache wegblieb. Dass jemand, der es mit seiner Hingabe an Gott wirklich ernst meinte, so kühn war, sich einen bebilderten Wunschzettel für die Zukunft zu machen, hatte ich noch nie erlebt. Während ich ein Lachen unterdrückte, fragte ich mich unwillkürlich: *Habe ich nicht ebenfalls so eine Liste – wenn auch nur in meinem Kopf?*

Wir haben wohl alle Vorstellungen davon, wie unser Leben aussehen soll. Von klein auf malen wir uns Dinge aus und halten unsere Ziele manchmal sogar schriftlich fest: wann wir heiraten wollen, wie viele Kinder wir uns wünschen, wo wir wohnen werden, wie viel Geld wir verdienen wollen, welchen Beruf wir ausüben werden, wie unser Haus aussehen soll, wie unser Ehepartner uns behandeln soll, wohin wir in den Urlaub fahren werden, was für Freunde wir haben wollen, wie unsere Kinder sich benehmen sollen, in welcher Entfernung unsere Enkelkinder wohnen sollen, wann wir uns zur Ruhe setzen wollen, wie unser Dienst für Gott aussehen soll usw.

Irgendwann merken wir dann, dass in unserem Leben nicht alles so läuft, wie wir es geplant haben. Umso mehr bemühen wir uns krampfhaft, die Dinge in den Griff zu bekommen. Wir sehnen uns so sehr danach, dass unsere Zukunft mit den Bildern in unserem Kopf übereinstimmt.

Der Gedanke, unsere Zukunft einfach Gott zu überlassen und zu sagen: „Du kannst mit mir machen, was du willst", jagt uns eine Riesenangst ein. Es könnte ja durchaus sein, dass Gott eines der folgenden Dinge für uns in petto hat:

Ein Leben als Single. Einen schwierigen Ehemann. Kinderlosigkeit. Eine Krebserkrankung. Den Tod eines Angehörigen. Finanzielle oder berufliche Probleme. Einen gefährlichen Dienst in der äußeren Mission.

Was ist, wenn Gott mich leiden lässt oder große Opfer von mir verlangt? Oder wenn keiner meiner Träume sich jemals erfüllen wird?

Allein die Vorstellung, dass wir uns Gott restlos ausliefern, kostet uns große Überwindung. In diesem Fall müssten wir uns nämlich unseren Ängsten stellen. Wenn wir tatsächlich glauben, dass Gott real ist und dass er eine ganze Ewigkeit im Blick hat, müssen wir einkalkulieren, dass er unsere schönen Pläne durchkreuzt.

Natalie und ich saßen in einem Restaurant und studierten die Speisekarte. Wir gehörten zur selben Gemeinde, und ich hatte Natalie als jemanden kennengelernt, der die Welt verändern möchte. Sie hat ein Herz für Afrika und sprüht so sehr vor Begeisterung, dass sie jeden damit ansteckt.

Da Natalie immer genau weiß, was sie will, dauerte es nicht lange, bis sie auf der Speisekarte ein Gericht ausgewählt hatte. Nachdem ich dann endlich auch so weit war, stützte sie erwartungsvoll ihre Arme auf den Tisch und beugte sich vor. Sie brannte darauf, mich an dem teilhaben zu lassen, was sie beschäftigte.

Bald landeten wir bei einem Thema, über das wir uns immer wieder unterhielten: das Singlesein. Natalie, die jetzt Mitte dreißig ist, wäre gerne verheiratet. Aber sie ist immer noch solo, und von Zeit zu Zeit wird sie von einem quälenden Gefühl der Hilflosigkeit und einer überwältigenden Sehnsucht nach einem Partner überfallen. Dabei ist sie absolut kein Typ, der sein einziges Glück in Ehe und Familie sucht: Durch ihren Job kommt sie auf der ganzen Welt herum, und sie engagiert sich leidenschaftlich für einen missionarischen Dienst in Afrika. Wenn sie einmal nicht unterwegs ist, steht sie den Leuten aus unserer Gemeinde mit Rat und Tat zur Seite.

An diesem Abend hatte sie jedoch das Gefühl, alle anderen würden auf ihrem Lebensweg vorankommen, während sie selbst als Einzige auf der Stelle trat. Viele ihrer Freundinnen bekamen schon ihr zweites oder drittes Kind, und sie fühlte sich wie eine Außenseiterin – ohne einen Gefährten, der sein Leben mit ihr teilte.

Wir stocherten in unserem Essen herum, als es aus ihr herausbrach: „Was erwartet Gott eigentlich von mir?“

Betroffen merkte ich, wie sie darum kämpfte, sich mit den Dingen abzufinden, die sie nicht ändern konnte. Ich wusste, dass Gott sich von uns nicht die Pistole auf die Brust setzen lässt. Aber Natalie war von dem Gefühl der Hilflosigkeit wie gelähmt und wusste nicht, wieso Gott sie in diesem Schlamassel stecken ließ.

Warum sah es so aus, als würde jede andere Frau einen Mann abbekommen, nur sie nicht? Wie lange wollte Gott sie noch zappeln lassen?

■ ■ ■

Als Karen, eine gute Freundin von mir, vor ungefähr sieben Jahren in ihr Badezimmer trat, fand sie ihren Mann tot auf dem Boden liegen. Verzweifelt versuchte sie, ihn wiederzubeleben, und flehte Gott um Hilfe an, doch alle Anstrengungen waren vergeblich. Ihre zweijährige Tochter stand unterdessen weinend im Türrahmen.

Vor wenigen Wochen habe ich mich wieder einmal mit ihr getroffen, und wir haben über das Thema dieses Buches geredet. In ihrer aufrichtigen Art, die ich so sehr schätze, sagte Karen: „Jennie, ich bringe es nicht fertig, mich Gott rückhaltlos anzuvertrauen. Ich kann dieses riskante Gebet nicht sprechen, weil ich viel zu große Angst davor habe, was dann passieren könnte."

Da erschrak ich ebenfalls. Bisher war mir zwar bewusst gewesen, dass es mich einiges kosten könnte, wenn ich mich Gott restlos auslieferte. Doch ich hatte nicht an den Tod eines Angehörigen gedacht. Aus Karens Sicht beinhaltete die absolute Hingabe an Gott, dass er ihr jederzeit alles nehmen konnte – sogar das, woran ihr Herz am meisten hing.

Ich begriff, dass Karen innerlich hin- und hergerissen war. Was wäre, wenn Gottes Plan für ihr Leben noch mehr Schicksalsschläge enthielt? Kein Wunder, dass sie sich fürchtete.

Heute ist Karen wieder verheiratet, und ihre inzwischen neunjährige Tochter hat noch einen kleinen Bruder und eine Schwester bekommen. Doch obwohl das Leben weitergegangen ist – der Schmerz über diesen schrecklichen Verlust bleibt. Diese Geschichte hat kein kitschiges Happy End, weil Karen den Tod ihres ersten Mannes immer noch nicht verkraftet hat.

Solche Erfahrungen bringen unsere tiefsten Ängste zum Vorschein. Wovor fürchten Sie sich am meisten? Was wäre das Schlimmste, was Gott Ihnen zumuten könnte? Zwar behaupten wir alle, dass Gott liebevoll und gut sei, aber verlassen wir uns wirklich darauf, dass er nicht plötzlich durchdreht und uns so etwas Schlimmes aufhalst wie Hiob?

Gott hat dem Teufel gestattet, Hiob alles zu nehmen, was er besaß. Der Grund, weshalb Satan es auf Hiob abgesehen hatte, war dessen Ehrfurcht vor Gott. Haben Sie das gehört? Hiob musste tatsächlich einzig und allein deshalb so viel leiden, weil er sich Gott völlig unterstellt hatte. In den nächsten sechsunddreißig Kapiteln des Buches Hiob wird von verschiedenen Leuten darüber spekuliert, aus welchen Gründen Gott wohl zulassen konnte, dass ein rechtschaffener Mensch sich so quälen muss. *Warum passiert das ausgerechnet mir?*, fragte sich Hiob. Und das erinnert mich sehr stark an die Fragen, die mich selbst immer wieder beschäftigen.

Schließlich hat Gott Hiob geantwortet: „Wo warst du, als ich das Fundament der Erde legte? Sag es doch, wenn du so viel weißt! Wer hat ihre Maße festgelegt und wer die Messschnur über sie gespannt? Du weißt es doch, oder etwa nicht? Worin sind die Pfeiler der Erde eingesenkt, und wer hat ihren Grundstein gelegt?

Damals sangen alle Morgensterne, und die Engel jubelten vor Freude. Wer schloss die Schleusentore, um das Meer zurückzuhalten, als es hervorbrach aus dem Mutterschoß der Erde?

Ich hüllte es in Wolken und in dichtes Dunkel wie in Windeln; ich setzte dem Meer eine Grenze, schloss seine Tore und Riegel und sprach: ‚Bis hierher sollst du kommen und nicht weiter! Hier müssen sich deine mächtigen Wogen legen!'

Sag, hast du je das Tageslicht herbeigerufen und der Morgenröte ihren Weg gewiesen?" (Hiob 38,4-12).

Gott sagt hier: „Ich bin Gott, und ich weiß, was ich tue! Mir ist klar, dass dies alles sehr schmerzhaft für dich ist, aber ich verfolge ein ganz bestimmtes Ziel. Hab doch Vertrauen zu mir – dem allmächtigen Gott, der sogar dem Meer eine Grenze setzt und jeden Morgen das Tageslicht herbeiruft."

An der Tatsache, dass Gott unendlich viel größer ist, als wir es mit unserem Verstand je erfassen können, kommen wir nun einmal nicht vorbei. Und wenn unser Leiden dazu dient, dass er geehrt wird, dann soll es offenbar so sein. – Wie leicht ist das gesagt, und wie schwer, es in die Tat umzusetzen!

Vor Kurzem habe ich mit einigen Frauen, die sich alle in einem persönlichen Umbruch befanden, das Leben von Maria, der Mutter von Jesus, studiert. Jede von uns hatte ihre Probleme, und wir überlegten alle besorgt, was Gott wohl mit uns im Sinn hatte. Doch während wir uns mit Marias Schicksal beschäftigten, änderte sich der Blickwinkel, aus dem wir unser eigenes Leben betrachteten, immer mehr.

Wir lasen von dem Engel, der von der höchsten Berufung sprach, die jemals an ein menschliches Wesen ergangen ist. Aber diese hohe Berufung hatte ihren Preis: Maria musste sich darauf einstellen, dass sie aufgrund der scheinbar außerehelichen Schwangerschaft von ihrem Verlobten verlassen und aus der Dorfgemeinschaft ausgestoßen werden konnte. Den Sohn Gottes großzuziehen, war eine gewaltige Herausforderung, und eines Tages würde sie mit ansehen müssen, wie ihr eigenes Fleisch und Blut einen qualvollen Tod starb. All das lag vor ihr, als der Engel zu ihr kam, und trotzdem erklärte sie sofort: „Ich will mich dem Herrn ganz zur Verfügung stellen. Alles soll so geschehen, wie du es mir gesagt hast" (Lukas 1,38).

Was du willst, soll geschehen, Herr. Ich möchte ebenso mutig sein wie Maria.

Wenn es um absolute Hingabe an Gott geht, kommen Ängste in uns hoch: Was ist, wenn Gott zum Beispiel von mir verlangt, dass ich nach Afrika gehe?

Auf mich übt der Schwarze Kontinent eine geheimnisvolle Faszination aus, weil er das genaue Gegenteil unserer westlichen Welt verkörpert. Die Afrikaner sind zufrieden, obwohl es ihnen schlecht geht, sie sind dankbar, obwohl sie Hunger leiden, und in all ihren Nöten zeigen sie trotzdem eine gewisse Stärke. Die Dinge, vor denen wir uns so sehr fürchten, sind für sie ganz normaler Alltag.

Irgendwie deckt der Gedanke an Afrika auf, woran unser Herz hängt. Wenn wir uns vorstellen, unser schönes, bequemes Zuhause verlassen zu müssen, wird uns rasch bewusst, welche Dinge uns wichtiger sind als Gott. Bin ich wirklich bereit, etwas so Verwegenes zu tun, wie nach Afrika zu gehen? Mich Gott völlig auszuliefern, bedeutet eigentlich, dass ich mich dazu entschlossen habe, ihm überallhin zu folgen und alles loszulassen, was er von mir fordert.

Wollen wir uns Gott wirklich hingeben – ohne Wenn und Aber?

Solange wir noch auf der Einschränkung „Alles, nur das nicht!" beharren, haben wir uns Gott noch nicht restlos ausgeliefert. Und wenn wir uns vor Augen führen, dass der Schöpfer des ganzen Universums seinen einzigen Sohn ermorden ließ, damit *wir* seine Kinder werden und für immer bei ihm sein können – ist es dann nicht eigentlich ein bisschen schäbig, dass wir so sehr darauf bedacht sind, nur ja nicht zu viele Opfer bringen zu müssen?

Wir leben in einer Kultur, in der uns suggeriert wird, dass uns manche Dinge einfach zustehen. Natürlich können wir nichts dafür, dass wir hier geboren sind und von klein auf so geprägt wurden. Doch sobald wir an den Gott glauben, der seinen Sohn für uns geopfert hat, erkennen wir, dass es eine andere Denkweise gibt – und darin spielen unsere eigenen Pläne und vermeintlichen Rechte keine besonders große Rolle mehr. Dass die Schwierigkeiten, die Gott uns in den Weg legt, „leicht zu ertragen (sind) in Anbetracht der unendlichen, unvorstellbaren Herrlichkeit, die uns erwartet" (2. Korinther 4,17), erscheint uns zunächst absurd. Und dieses Ziel lässt sich auch nur erreichen, indem wir „unseren Blick auf Gottes neue Welt (richten), auch wenn sie noch unsichtbar ist. Denn das Sichtbare vergeht, doch das Unsichtbare bleibt ewig" (V. 18).

Mitten im Chaos ist Gott der Anker, der uns hält. Und eines Tages wird sich alles ändern, das hat Gott fest versprochen. Oswald Chambers hat einmal gesagt: „Glauben heißt, dass wir ganz bewusst auf den Charakter Gottes vertrauen, auch wenn wir sein Handeln jetzt noch nicht verstehen."[3]

Aber das ist so schwer, stimmt's? Es fällt uns nicht leicht, vom Himmel zu träumen und auf einen unsichtbaren Gott zu hoffen.

Zerschlagene Träume

Vor einiger Zeit hat Rachel uns einen Einblick in ihr Leben gegeben. Rachel ist eine hübsche unverheiratete Frau, die sich seit vielen Jahren in der Kinderarbeit unserer Gemeinde engagiert. Sie strahlt so viel Herzlichkeit aus, dass man sich automatisch zu ihr hingezogen fühlt, auch wenn man sie noch nicht näher kennt.

Als sie uns nun zum ersten Mal ihre Lebensgeschichte erzählte, war ich völlig fassungslos. Mit stiegen Tränen in die Augen, denn ihr Schicksal hätte eher in eine dramatische Fernsehserie gepasst als zu einer Kindergottesdienst-Mitarbeiterin. Von klein auf hat Rachel für sich selbst sorgen müssen, weil ihre Eltern ständig miteinander stritten, bis sie sich schließlich scheiden ließen. Als Einzelkind konnte Rachel nur Gott um Hilfe bitten. Immer wieder musste sie mit Dingen fertig werden, die kaum zu verkraften waren.

Eines Tages fand sie heraus, dass der Mann, den sie für ihren Vater gehalten hatte, in Wirklichkeit gar nicht ihr Vater war. Ihr richtiger Vater war ein verheirateter Mann, der mit Rachels Mutter eine Affäre gehabt hatte. Rachel hat ihn bis heute noch nicht kennengelernt. Die Briefe, die er ihr geschrieben hat, als sie noch klein war, hat sie nie bekommen, und inzwischen sind sie längst vernichtet. Rachel weiß, dass sie zwei Halbbrüder hat, aber sie kann keinen Kontakt mit ihnen knüpfen, ohne zu riskieren, dass sie deren Familie zerstört.

Der Mann, den sie immer als ihren Vater betrachtet hatte, ist inzwischen wieder verheiratet. Seine neue Frau hat Rachels Sozialversicherungsnummer benutzt, um auf ihren Namen Schulden zu machen. Und so ist es gekommen, dass Rachel sich jetzt vor Gericht verantworten muss. Diese warmherzige Frau mit dem strahlenden Lächeln wurde ausgerechnet von den Menschen, die sich eigentlich um sie hätten kümmern sollen, gemein hintergangen. Und da sie Single ist, war sie völlig auf sich allein gestellt, bis unsere Gemeinde ihr vor Kurzem Unterstützung anbot.

Als Rachel uns ihre Geschichte erzählte, stand sie kurz davor, ihre Familie über Weihnachten zu besuchen. Sie bat uns, dafür zu beten, dass sie den Menschen, die ihr so viel Leid zugefügt hatten, die Liebe Gottes weitergeben konnte. Voller Staunen fragte ich mich, wie sie es nur fertigbrachte, sich nicht als Opfer zu fühlen. Da sagte sie einen Satz, den ich nie vergessen werde: „Wir müssen Gott für alles danken, ganz gleich, ob es uns gut oder schlecht erscheint, weil wir den Unterschied ohnehin nicht erkennen können." Die schweren Erfahrungen haben wunderbare Facetten von Rachels Persönlichkeit aufleuchten lassen. Sie haben ihr zu tiefen, tragfähigen Freundschaften verholfen und ihre Beziehung zu Gott immer wieder gestärkt.

Wenn ich als Teenager versucht habe, mich Gott völlig anzuvertrauen, stiegen vor meinem inneren Auge lauter Bilder auf – von dem Leben, das ich mir so sehnlichst wünschte. An diesen Träumen war nichts Schlechtes, und sie schienen sich auch durchaus verwirklichen zu lassen. Da jeder Mensch um mich herum meine Ziele guthieß, war ich entschlossen, sie weiter zu verfolgen. Und ich glaubte, dass Gott ebenfalls damit einverstanden war. Es lag doch schließlich in seinem Interesse, dass ich eine vorbildliche Christin war, oder nicht? Ich bewegte mich innerhalb eines vertrauten, sicheren Rahmens, und jeder, der mich anschaute, sah eine junge Frau, die Gott von Herzen diente. War das nicht genug?

Das hoffte ich … und schließlich glaubte ich es auch.

Im Laufe der Zeit hatte sich nämlich mein Bild von Gott immer mehr verändert: Trotz der vielen Lieder über seine Gnade, die ich hörte, war Gott für mich zur bloßen Moral geworden. An ihn zu glauben, bedeutete ein gutes Leben. Wenn es nach ihm ging, würde ich mit meiner netten Familie in einem schnuckeligen Häuschen hinter einem frisch gestrichenen Gartenzaun wohnen, wo wir alle in Sicherheit waren.

In der Bibel sehen wir, dass die Menschen Gott schon immer nach ihren eigenen Vorgaben definiert und in eine kleine Box gesteckt haben. Anstatt dem Schöpfer des Universums zu folgen, haben sie ihr Leben so geführt, wie sie es für richtig hielten. Adam und Eva wollten mehr Macht haben, deshalb vertrauten sie nicht auf Gott, sondern auf sich selbst. Und was sie dann erlebten, war genau das gleiche Chaos, in dem wir heute stecken, solange wir Vogel-Strauß-Politik betreiben. Dabei liegt es klar auf der Hand, dass Gott unser Leben lenkt und nicht wir selbst.

Obwohl wir also eine Illusion verfolgen, nimmt uns das Streben nach Kontrolle ziemlich gefangen. Wir haben entsetzliche Angst davor, was geschehen könnte, wenn wir einfach loslassen würden. Denken wir wirklich, dass wir ein besserer Kapitän seien als Gott, der alles im Blick hat und uns unendlich liebt? Offenbar ja, denn wir versuchen ständig, alle Punkte auf unserem imaginären Wunschzettel abzuhaken. Wir sind so beschäftigt und abgelenkt, dass wir gar nicht merken, dass Gott schon längst an unserer Seite ist und jeden Schritt plant. Die Bilder, die *er* in unser Tagebuch klebt, mögen auf den ersten Blick chaotisch wirken, doch sie sind alle Teil eines wunderschönen großen Puzzles.

Gott möchte sich mit unserem Leid befassen – das ist nicht nur sein Herzenswunsch, sondern er hat es sich fest vorgenommen. Und wenn Gott handelt, hört das Leiden auf. Er ist geduldig und will nicht, dass auch nur einer von uns verloren geht (vgl. 2. Petrus 3,9).

Wenn wir die Bibel für wahr halten, müssen wir auch glauben, dass der allmächtige Schöpfer des Universums von Grund auf gut ist. Er sieht uns und steht auf unserer Seite, auch wenn er zulässt, dass es uns schlecht geht. Aber – wie es meine Freundin Rachel ausdrückt – wer von uns kann beurteilen, was gut und was schlecht ist? Letztlich werden wir das erst im Himmel wissen. Aus Gottes ewiger Perspektive mag es durchaus logisch sein, dass sich einige unserer zeitlich begrenzten Träume in Luft auflösen. Wenn Gott uns jedoch dort begegnet, wo unsere Träume eine schmerzhafte Leere hinterlassen haben, werden wir ihn noch viel besser kennen- und lieben lernen.

Gott überrascht uns immer wieder von Neuem, und seine Führung zu erkennen und zu akzeptieren, ist und bleibt ein einziges großes Abenteuer. Er ist der Chef dieses befristeten Unternehmens, das wir Leben nennen. Deshalb kann unser Glaube über unsere Ängste und Schmerzen triumphieren. Wir brauchen nur Augen, die über das Sichtbare hinausschauen. Unsere innere Antenne muss so ausgerichtet sein, dass weder unsere Ängste noch unsere Zukunftsträume das Programm diktieren.

Vertraue ich Gott wirklich? Während ich dies schreibe, bin ich bei meiner Schwester Brooke in Colorado. Sie hat gerade ein kleines Mädchen geboren. Die kleine Lucy kam zwanzig Wochen zu früh zur Welt und ist jetzt bei Jesus. Heute hat Brooke unter Tränen zu mir gesagt: „Ich vertraue Gott." Dass sie an einem so furchtbaren Tag so etwas sagen kann, berührt mich mehr, als es sich in Worten ausdrücken lässt.

Herr, schenk uns genug Glauben für alles, was vor uns liegt, auch für die schlimmsten Zeiten unseres Lebens.

Nur ein Hauch: » 7

Mein Leben auf der Erde

Der freundliche Seelsorger blickte mich prüfend an. Mit seiner Brille mit den kleinen Gläsern sah er genau so aus, wie man es von einem Therapeuten erwartete. Und aus seinem Gesichtsausdruck und seiner ganzen Haltung las ich, dass er keine Ahnung hatte, was er mit mir machen sollte.

Ich hatte ihn aufgesucht, weil ich völlig am Ende war. Mein Leben war in den letzten Jahren so sehr aus den Fugen geraten, dass ich alle Illusionen verloren hatte. Ich fühlte mich krank und zerschlagen, und die Hilfe eines Seelsorgers schien der letzte Strohhalm zu sein, nach dem ich greifen konnte. In den ersten Jahren unserer Ehe konnten Zac und ich nirgends einen sicheren Hafen finden. Wir hatten unser schönes Zuhause aufgegeben, um uns ganz dem Dienst für Gott widmen zu können, und Zac hatte einen Job als Jugendpastor angenommen. Obwohl wir uns mit Leib und Seele in einer kleinen Gemeinde engagierten, klopfte uns kein Mensch auf die Schulter. Stattdessen brachten die Leute unmissverständlich zum Ausdruck, dass sie enttäuscht von uns waren, weil wir ihren Erwartungen nicht gerecht wurden. Verwirrt fragte ich mich, wie es so weit kommen konnte. Wir hatten doch genau das getan, was Gott von uns verlangt hatte. Warum steckten wir dann trotzdem in dieser Sackgasse?

Als ich zur Seelsorge ging, war ich bereits so ausgebrannt, dass ich nicht mehr viel Hoffnung hatte, dass es jemals wieder besser werden würde. Ich war innerlich total blockiert und konnte mir nicht vorstellen, wie Gott mir helfen sollte. Zwar war ich immer noch davon überzeugt, dass Gott real ist, aber meine Probleme schienen wohl doch eine Nummer zu groß für ihn. Plötzlich schoss mir der Gedanke durch den Kopf: *Warum soll ich mich ihm eigentlich weiterhin zur Verfügung stellen, wenn er zulässt, dass es mir so dreckig geht?* Als ob Gott mir etwas schulden würde, weil ich ihm diente.

Der Theologe Tim Keller sagt: Wenn wir irgendetwas mehr lieben als Gott, obwohl wir an ihn glauben, haben wir *diese Sache* zu unserem Gott gemacht. Und wenn es irgendetwas in unserem Leben gibt, das uns in Bezug auf unsere eigene Identität noch wichtiger ist als Gott, beten wir einen falschen Gott an und lassen uns von ihm steuern.[4]

Ob es so ist, werden wir an unserer Reaktion merken, sobald das eine oder andere unter Beschuss gerät. Mir selbst war es so ergangen: Alles, was mir wichtig war, schien in Gefahr zu sein. Und ich reagierte äußerst heftig auf diese Bedrohung.

Zwar hatte Gott mich befreit, aber ich ließ mich trotzdem von all dem gefangen nehmen, was für mich die höchste Priorität besaß. Keller beschreibt es so: „Deine ehemaligen Sklaventreiber kehren immer wieder zu dir zurück und wollen dir weismachen, dass du ohne sie verloren wärst. Und obwohl du eigentlich frei bist, brauchen sie nur mit dem Finger zu schnipsen, um dich zu sich zurückzuholen."[5]

Unsere Angst, das zu verlieren, woran wir unser Herz gehängt haben, übertrifft sogar unsere Ehrfurcht vor Gott, dem wir in der Ewigkeit begegnen werden.

Der Himmel ist so weit weg

An der Universität von Texas unterrichtete ich einmal eine Klasse von Studentinnen. Es waren lauter intelligente junge Frauen, denen alle Möglichkeiten offen standen. Doch jede einzelne von ihnen litt unter tiefen Verletzungen: Entweder hatte ihr Vater die Familie im Stich gelassen, oder sie waren von einem Freund enttäuscht oder ausgenutzt worden. Da sie mehr über den lebendigen Gott erfahren wollten, trafen sie sich jede Woche in diesem Klassenzimmer. In meinen Seminaren versuchte ich, ihnen Gottes Größe vor Augen zu führen. Ich erinnerte sie daran, dass wir von einem Moment auf den anderen im Himmel sein können und dass Jesus einmal alles neu machen wird.

Immer wieder tauschten wir uns in aller Offenheit darüber aus, wie sehr uns die Angst zu schaffen machte, von anderen Menschen verachtet, ausgegrenzt oder verlassen zu werden. In einem dieser Gespräche meldete sich eine Studentin und sagte: „Der Himmel ist für mich einfach so weit weg." Dieser schlichte Satz traf den Nagel auf den Kopf. Er brachte zum Ausdruck, was jeder von uns wohl schon einmal gedacht hat.

Seufzend überlegte ich, wie schnell achtzig Jahre verflogen und wir alle am Ende unseres Lebens angelangt sein werden.

Ein paar Minuten später versuchte mich meine Mutter zu erreichen. Ich konnte den Anruf jedoch nicht entgegennehmen, weil ich ja gerade Unterricht hielt. Als ich später im Auto saß, rief ich zurück und erfuhr, dass meine Großmutter heimgegangen war, um für immer bei Jesus zu sein.

Auf einmal fühlte sich der Himmel ganz nah an. Gerade war er mir noch so fern erschienen, doch jetzt war meine geliebte Oma, mit der ich mich erst kürzlich getroffen hatte, dort. Sobald wir einen Vorgeschmack vom Himmel bekommen, leben wir anders als vorher.

Es ist noch gar nicht so lange her, da war ich acht Jahre alt. Ich trug rosa Shorts und ein weißes T-Shirt, das mit blauen und grünen Herzchen bedruckt war. Tief in Gedanken versunken, lag ich im Arbeitszimmer meines Vaters auf dem Sofa und starrte an die Decke. Da an jenem Tag gar nichts Besonderes geschah, ist das eigentlich eine langweilige Geschichte. Aber dieser Moment hat sich mir trotzdem unauslöschlich eingeprägt, weil ich mich immer wieder an ihn erinnert habe. Damals ist mir nämlich etwas bewusst geworden: Mein Leben vergeht wie im Flug. Obwohl ich erst acht war, fand ich, dass ich viel zu schnell erwachsen wurde. Ich war wohl ein merkwürdiges Kind.

Und jetzt, während ich dies schreibe, habe ich selbst Kinder, die älter sind, als ich damals gewesen bin. Zwischen meinen Überlegungen auf dem Sofa und der Zeit, als ich mit Mitte zwanzig meinen ersten Sohn bekommen habe, scheinen nur ein paar wenige Jahre vergangen zu sein. Und es wird nicht mehr lange dauern, bis ich meine Kinder aufs College schicke. Sie verstehen, was ich meine? Die Zeit rast förmlich dahin.

Die innere Stimme

Eine meiner Bekannten hat vor Kurzem am Meer Urlaub gemacht. Dabei konnte sie mit ihrer Familie beobachten, wie am Strand lauter kleine Meeresschildkröten aus ihren Eiern schlüpften. Als sie nach Hause kam, erzählte sie mir voller Begeisterung davon. Ihre Schilderung erinnerte mich an die Gedanken, die ich mir mit acht Jahren gemacht hatte. Und sie beschäftigte mich, während ich mithilfe des Seelsorgers versuchte, das Durcheinander in meinem Leben zu entwirren.

Bevor eine weibliche Meeresschildkröte ihre Eier legt, schiebt sie sich mithilfe ihrer Flossen über den Sandstrand und gräbt dort ein ziemlich tiefes Loch. Darin legt sie fünfzig bis zweihundert Eier ab. Nachdem sie die Grube mit Sand zugedeckt hat, macht sie sich wieder auf den Weg zurück ins Meer. Ein paar Wochen später schlüpfen dann die Jungtiere. Sie kommen in einer sandigen Grube zur Welt – ohne Mama und ohne zu wissen, wo sie eigentlich sind. Die anderen um sie herum sind auch nicht schlauer als sie, deshalb könnte ich mir gut vorstellen, dass ihnen irgendwie die Orientierung fehlt.

Aber sie scheinen trotzdem zu wissen, dass sie in diesem dunklen Loch nicht zu Hause sind. Es ist eng und unbequem, und es passt überhaupt nicht zu ihnen. Darum bewegt ihr Instinkt sie dazu, aus diesem Loch herauszukrabbeln. Allerdings ist das gar nicht so leicht, wie es sich im ersten Moment anhören mag: Im Sand kommt man schlecht vorwärts, vor allem, wenn andere einen ständig schubsen und sich vordrängeln. Die winzigen Jungtiere müssen riesige Hindernisse überwinden und sich dabei mächtig beeilen, damit sie nicht von den hungrigen Nesträubern gefressen werden, die überall im Dunkeln lauern. Bestimmt erscheint ihnen diese Reise zum Meer wie eine mittlere Ewigkeit. *Wann werde ich endlich dort sein?*, fragen sie sich womöglich verzagt. *Wie lange soll das denn noch dauern? Warum hilft mir denn keiner? Und wie hieß das Ziel noch gleich?*

Doch aller Ungewissheit zum Trotz streben sie eifrig vorwärts und krabbeln auf das Element zu, für das sie geschaffen wurden. Aber wenn sie nicht dazu bestimmt sind, am Strand zu bleiben, woher wissen sie dann, wie ihr eigentliches Zuhause aussieht? Was wäre, wenn sie einfach dort bleiben würden, wo sie aus dem Ei geschlüpft sind, und sich sagen würden, dass die Geschichte vom riesigen blauen Nass wohl doch bloß ein großer Mythos sei?

Immerhin hat keine einzige Schildkröte, die sie bisher getroffen haben, dieses endlose Meer je gesehen. Was wäre, wenn sie beschließen würden, diese lange Reise sei einfach zu anstrengend? Und was würde geschehen, wenn sie, statt ihrem Instinkt zu folgen, einigen anderen Schildkröten hinterherlaufen würden, die sich von den Lichtern eines Hotels oder einer Straße in die Irre führen lassen? Solange sie nicht auf die Stimme in ihrem Inneren hören, werden sie nie dort ankommen, wo sie hingehören, und niemals in ihrem eigentlichen Element sein: dem Ozean.

Während wir im Sprechzimmer eines Seelsorgers sitzen und uns mit allen möglichen Problemen und Ängsten herumschlagen, sind wir noch nicht in unserem eigentlichen Zuhause angelangt. Wie die kleinen Meeresschildkröten stecken wir noch irgendwo fest; wir fühlen uns eingeengt und von anderen herumgeschubst.

Abgelenkt

Einer der Pastoren, von denen Zac und ich eine Menge gelernt haben, ist Tommy Nelson. Er hat einmal eine Predigt darüber gehalten, was er tun würde, wenn er der Teufel wäre. Mit seiner tiefen, dramatischen Stimme sagte er:

„Soll ich dir verraten, was ich tun würde, wenn ich der Teufel wäre? Ich würde versuchen, dich hinters Licht zu führen. Ich würde mich bemühen, dich vom richtigen Weg abzubringen, damit du das Ziel verfehlst. Und falls ich damit keinen Erfolg hätte, würde ich versuchen, dich zu disqualifizieren und zu unmoralischem Verhalten zu verleiten. Ich würde deinen guten Ruf ruinieren und dafür sorgen, dass dir keiner mehr auch nur ein einziges Wort glaubt. Ich würde dir deine ganze Selbstachtung rauben. Irgendwann würdest du es nicht einmal mehr wagen, deinen Mund aufzumachen, weil dein ganzes Leben ein einziger Trümmerhaufen ist.

Und wenn mir das alles nicht gelänge, würde ich versuchen, dich erfolgreich zu machen und gehörig abzulenken. Ich würde dafür sorgen, dass du so sehr mit deinem Dienst für Gott beschäftigt bist, dass du kaum noch Zeit fürs Gebet findest. Und deine seltenen Gebete würden sich nur noch darum drehen, dass dein Erfolg noch größer wird, statt dass du nach Heiligkeit strebst und um die Seelen anderer Menschen besorgt bist.

Ich würde dich dazu verleiten, dass dir materielle Dinge immer wichtiger werden, sodass du den geistlichen Aspekt deines Lebens vernachlässigst. Ich würde darauf hinarbeiten, dass dein Herz geteilt ist.

Sollte mir auch das nicht gelingen, wäre ich beinahe mit meinem Latein am Ende. Weißt du, was ich dann tun würde? Ich würde dich entmutigen, immer wieder. Und falls auch das nicht funktionieren sollte, würde ich mein Bestes tun, um dich zu töten. So würde ich vorgehen, um dich außer Gefecht zu setzen."[6]

In Lukas 14 wird berichtet, dass sich eine große Menschenmenge um Jesus versammelte. Ich kann mir gut vorstellen, dass Jesus all diese Leute angesehen und sich im Stillen gedacht hat: *Hier und heute folgt ihr mir nach, weil es leicht ist. Aber ihr wisst nicht, dass es euch euer Leben kosten könnte, wenn ihr mir wirklich nachfolgen wollt.* Also begann er, davon zu reden, welcher Preis mit echter Nachfolge verbunden ist. Zuerst zählte er die engsten Angehörigen auf: „Wenn jemand zu mir kommt und hasst nicht seinen Vater und die Mutter und die Frau und die Kinder und die Brüder und die Schwestern …, so kann er nicht mein Jünger sein" (Lukas 14,26; ELB). Und dann geht es an die Substanz, denn Jesus fährt fort: „dazu aber auch sein eigenes Leben".

Da Jesus uns an anderer Stelle auffordert, sogar unsere schlimmsten Feinde zu lieben (vgl. Lukas 6,27), wissen wir, dass er uns keineswegs empfiehlt, die Menschen, die von uns abhängig sind, zu vernachlässigen. Er sagt hier in anderen Worten: „Wacht auf! Ihr müsst begreifen, dass euch ein Leben an meiner Seite alles kosten kann, was euch lieb und teuer ist. Ja, vielleicht müsst ihr sogar euer Leben opfern. Erst, wenn dieses irdische Leben an Bedeutung verliert und ich für euch das Allerwichtigste bin, werdet ihr mir wirklich nachfolgen können. Denn solange ihr noch zu sehr an diesem Leben hängt, seid ihr nicht imstande, mich von ganzem Herzen zu lieben. Und ihr seid auch nicht bereit, alles für mich zu tun."

Viele von denen, die ihm damals zugehört haben, kehrten in ihre Häuser zurück und nahmen ihr normales Leben wieder auf. Und ein paar von denen, die ihm weiterhin folgten, wurden nur wenige Jahre später um seinetwillen getötet.

Unser Gott ist unvorstellbar radikal. Es ist ihm vollkommen ernst damit, wenn er sagt, dass wir nichts auf dieser Welt mehr lieben sollen als ihn. Das sehen wir an der Geschichte von Abraham.

Abraham verehrte Gott so sehr, dass er sich dazu entschloss, alles Vertraute hinter sich zu lassen und Gott in ein unbekanntes Land zu folgen. Er war überzeugt davon, dass Gott real ist, und darum marschierte er sein ganzes Leben lang hinter ihm her. In 1. Mose 17 können wir nachlesen, dass Gott Abraham ein Versprechen gab: Er würde einen Sohn bekommen, der der Stammvater vieler Völker und ein Segen für die ganze Welt sein sollte. Gespannt wartete Abraham darauf, dass Gott dieses Versprechen einlösen würde, ohne sich davon beirren zu lassen, dass seine Frau unfruchtbar war. Erst, als die beiden eigentlich längst zu alt waren, um noch Kinder zu bekommen, begann Abraham zu zweifeln. Aber schließlich schenkte Gott ihnen in hohem Alter tatsächlich noch einen Sohn, den sie Isaak nannten.

Ich liebe meine Kinder von ganzem Herzen. Wenn sie in einem Feriencamp sind oder bei ihren Großeltern übernachten, kann ich es schon nach wenigen Tagen kaum erwarten, sie endlich wiederzusehen. Als sie noch klein waren, bin ich bei jedem Hustenanfall sofort herbeigeeilt und wollte sie mithilfe des Heimlich-Handgriffs vor dem Ersticken bewahren. Glücklicherweise waren sie niemals wirklich in Gefahr, doch ich hätte alles getan, um sie zu beschützen und sie ganz nah bei mir zu behalten.

Nachdem Abraham fast sein ganzes Leben lang auf Isaak gewartet hatte, war er bestimmt ganz vernarrt in den Jungen. Und zum ersten Mal stellte Gott fest, dass sich Abrahams Prioriäten verlagerten. Der allmächtige Gott war nicht mehr die Nummer eins, sondern Abrahams Herz hing an Isaak, seinem Sohn.

Daraufhin tat Gott etwas, das uns Angst und Schrecken einjagt: Er forderte Abraham auf, seinen geliebten Sohn auf den Altar zu legen und zu töten. Das übersteigt unseren Verstand. Diese Geschichte zeigt, dass der Schöpfer des Universums ein eifersüchtiger und leidenschaftlicher Gott ist. Ihm ist es am allerwichtigsten, dass die Ewigkeit und er selbst den richtigen Stellenwert für uns bekommen. Im Vergleich dazu ist unser kurzes irdisches Dasein zweitrangig.

Für Abraham wurde der schlimmste Albtraum aller Eltern wahr, als er, das Messer in der Hand, mit seinem Sohn zum Altar hinaufstieg. Am Ende ließ Gott nicht zu, dass Isaak getötet wurde, aber Abraham war tatsächlich bereit gewesen, ihn herzugeben.

So ein furchtbares Opfer wird keiner von uns je bringen müssen. In gewisser Hinsicht müssen wir uns jedoch ebenfalls täglich neu entscheiden, *wen* wir so hoch achten, dass nichts anderes an ihn heranreicht. Um diese Vorrangstellung wetteifern nämlich viele kleine Götter in unserem Leben.

Wer käme wohl jemals auf die Idee, einem Vater oder einer Mutter vorzuwerfen, sie würden ihr Kind zu sehr lieben? Daran ist schließlich nichts Falsches. Trotzdem sagt Gott ausdrücklich: „Du sollst außer mir keine anderen Götter verehren!“ (2. Mose 20,3) Mit anderen Worten: „Nichts auf dieser Erde soll dir so wichtig sein wie ich. Alles andere soll im Vergleich mit mir so sehr verblassen, als ob du es hassen würdest.“

Mit den Minuten, Tagen und Jahrzehnten, die uns zur Verfügung stehen, bauen wir Häuser, horten Geld auf der Bank und füllen unseren Terminkalender mit allen möglichen Aktivitäten. Wir bauen Freundschaften, legen uns einen guten Ruf zu und investieren in unsere Kinder und unsere Karriere. Wir möchten, dass unser Leben von Bedeutung ist. Nein, im Grunde möchten wir selbst von Bedeutung sein. Und deshalb sind wir ständig beschäftigt und kümmern uns um alles Mögliche, nur nicht um unseren unsichtbaren, geduldigen und eifersüchtigen Vater im Himmel.

Jesus sagte einmal: „Niemand von euch kann mein Jünger sein, wenn er nicht zuvor alles aufgibt, was er hat“ (Lukas 14,33; GN). Und damit ist buchstäblich *alles* gemeint!

Wir dürfen dem Teufel nicht auf den Leim gehen, der uns das Gefühl dafür rauben möchte, wie schnell unsere Zeit hier auf der Erde verfliegt.

■ ■ ■

Einer unserer Freunde ist Arzt. Vor Kurzem sagte er zu seiner Frau, dass er sich dazu gedrängt fühle, mit der ganzen Familie nach Äthiopien zu ziehen und dort in einer ländlichen Gegend eine Praxis aufzumachen. Verständlicherweise war seine Frau zunächst sehr skeptisch. Der Gedanke, ihre vier Kinder irgendwo im Hinterland von Äthiopien großzuziehen, wo sicher alle möglichen Gefahren lauerten, jagte ihr Angst ein.

Liebevoll erkundigte sich ihr Mann: „Wovor fürchtest du dich denn am meisten?"

Seine Frau anwortete mit einer Gegenfrage: „Was wäre, wenn wir dort sterben müssen?"

Daraufhin sagte ihr Mann, dessen innere Augen stets auf den Himmel gerichtet sind: „Stell dir doch nur vor, was für ein Tod das wäre!"

Wenn ich heute daran zurückdenke, wie ich voller Verzweiflung vor dem freundlichen Seelsorger saß, dann wird mir einiges klar. Jahrelang war ich allen möglichen Dingen hinterhergelaufen, von denen ich mir Glück und Zufriedenheit versprochen hatte. Ich jammerte und klagte, weil Gott mir nicht half, alles so auf die Reihe zu kriegen, wie ich es für richtig hielt. Dabei hatte er es aus lauter Güte so weit kommen lassen, um mir zu zeigen, dass all das, was ich über ihn stellte, mich niemals glücklich machen würde. Das war schlicht unmöglich.

Wir lieben diese Welt mit all den Menschen, Dingen und Aktivitäten. Wir hängen an unserem kurzen Leben. Aber Gott flüstert uns zu: „Sieh nach oben! Die Zeit vergeht so schnell, dass dein Leben auf dieser Erde kaum mehr als ein Hauch ist. Es gibt noch viel, viel mehr!"

Unsere Zeit ist beinahe abgelaufen. Wenn wir unser Leben wirklich nutzen wollen, sollten wir es für Gott und das, was er mit uns im Sinn hat, einsetzen. Was haben wir denn zu verlieren?

Der Himmel erscheint uns so weit weg, dass wir ihn oft vergessen. Aber er existiert … und er kommt immer näher.

Teil 2: alles.

»» Ich wag's.

Die Stimme aus dem Lautsprecher: Wachgerüttelt

8

Zac und ich hatten uns mit ein paar Freunden in einem italienischen Restaurant in der Innenstadt getroffen. Die Atmosphäre in dem Lokal war gemütlich und lud zu ausgedehnten Gesprächen ein. Ich hatte am selben Morgen einen eigenen Blog begonnen und meinen ersten Eintrag veröffentlicht. Im Grunde wusste ich nicht genau, wieso ich das überhaupt getan hatte. Doch an jenem Abend fing Gott an, unser Leben so radikal zu verändern, dass ich es im Nachhinein kaum glauben kann, dass ich ausgerechnet an diesem Tag mit dem Schreiben begonnen habe. Es war, als sollte das neue Leben, das gerade anbrach, von Anfang an dokumentiert werden.

Wie das so üblich ist, redeten wir zunächst übers Wetter, über unsere Kinder und alles, was in letzter Zeit vorgefallen war. Irgendwann drehte sich das Gespräch um interessante Leute, die wir getroffen hatten. Meine Freundin erzählte von ihrem Kontakt zu einer jungen Frau, die in Uganda lebte. Nichts deutete in diesem Moment darauf hin, dass ich kurz vor einer einschneidenden Veränderung stand. Gott würde nämlich das Schicksal dieses Mädchens gebrauchen, um unter mein bequemes Leben endgültig einen Schlussstrich zu ziehen.

Ich erfuhr, dass die junge Frau Katie Davis hieß, Anfang zwanzig war und in einem der wohlhabendsten Stadtteile von Nashville aufgewachsen war. Zusammen mit ihrer Mutter hatte sie während ihrer Schulzeit einen Kurztrip nach Uganda gemacht. In der Highschool war sie Klassenbeste, hatte einen gut aussehenden Freund und fuhr ein gelbes Cabrio. Nach ihrem Schulabschluss hätte sie sich jedes College aussuchen können, das sie wollte. Bevor Katie sich jedoch auf einen Studienort festlegte, wollte sie ein Jahr in Uganda verbringen – zum großen Missfallen ihrer Eltern.

Während ihrer Zeit in Afrika veränderte Gott ihr Herz. Sie spürte mehr und mehr, dass sie nicht einfach wieder nach Hause gehen und das normale Leben einer Collegestudentin führen konnte. Tief in ihrem Inneren wusste sie, dass Gott sie in Uganda haben wollte – und zwar für immer. Darum folgte sie Gottes Ruf und ließ alles hinter sich. Heute lebt Katie in Uganda und ist Adoptivmutter für dreizehn Mädchen, die sie auf der Straße aufgelesen hat.

Während meine Freundin diese Geschichte erzählte, begann mein Herz zu rasen. Meine Gedanken überschlugen sich fömlich, weil so viele Fragen in mir aufstiegen: *Gibt es jemanden, der sie dort unterstützt? Was halten ihre Eltern davon? Ist sie nicht viel zu jung für so ein abenteuerliches Unternehmen? Ist das nicht gefährlich? Was ist, wenn sie irgendwann mal heiraten will?*

Ich selbst war innerlich noch weit davon entfernt, mich Gott restlos – ohne Wenn und Aber – zur Verfügung zu stellen. Ich hatte immer noch die Auffassung, dass unser Leben möglichst sicher und bequem sein sollte und dass es nicht allzu viel kosten durfte, Jesus nachzufolgen.

Worüber wir anschließend redeten, bekam ich gar nicht mehr richtig mit. Ich erinnere mich auch nicht mehr, was ich an jenem Abend gegessen habe, weil meine Gedanken nur noch um dieses junge Mädchen kreisten, das Gott tatsächlich bis nach Uganda gefolgt war. Sobald wir zu Hause waren, wollte ich mir meinen Laptop schnappen und ihren Blog lesen.

Es wurde spät, und da Zac sehr müde war, zog er sich gleich zurück. Ich setzte mich im dunklen Bad auf den Boden, klappte den Laptop auf und begann zu lesen. Bis tief in die Nacht hinein sog ich alles auf, was ich in Katies Blog fand. Sie schrieb:

Mein ganzes Leben lang hatte ich alles, was auf dieser Welt zählt. Ich war Klassensprecherin, Klassenbeste und die Siegerin des Abschlussballs. Ich verabredete mich mit süßen Jungs und fuhr ein tolles Auto. Und ich hatte Eltern, die mich in jeder Hinsicht unterstützten. Um mir eine Topkarriere zu ermöglichen, hätten sie jedes Studium bezahlt. ABER ich liebte Jesus.

Zu Nikodemus hat Jesus gesagt, dass man neu geboren sein muss, wenn man in Gottes neue Welt kommen will. Okay – das kann ich abhaken. Einen anderen Typen hat Jesus aufgefordert, alles zu verkaufen, was er hat. Und wenn er das Geld den Armen gegeben hat, soll er kommen und ihm nachfolgen. Auweia … wie steht es denn damit? Mir ist klar geworden, dass ich Jesus zwar bewundert und angebetet, aber nicht genau das getan habe, was er getan hat. Darum bin ich aus meinem sicheren, bequemen Leben ausgestiegen.

Ursprünglich sollte das nur vorübergehend sein – ein Jahr für Gott, bevor ich wieder zurückgehen und mein Studium aufnehmen würde. Doch das war unmöglich. Ich hatte begriffen, worauf es in diesem Leben wirklich ankommt, und ich konnte nicht länger so tun, als hätte ich keine Ahnung. Deshalb habe ich endgültig alles aufgegeben. Ich habe mich vom College, meinen Designerjeans, meinem gelben Cabrio und meinem Freund verabschiedet. Jetzt habe ich zwar längst nicht mehr alles, was auf dieser Welt von Bedeutung ist, aber ich habe alles, was wirklich zählt.

In meinem ganzen Leben bin ich noch nie glücklicher gewesen als jetzt, und ich war meinem Retter und Freund noch niemals so nahe. JESUS hat mein Leben so lange geschüttelt, bis es in lauter kleine Teile zerbrochen ist. Und dann hat er diese Bruchstücke zu etwas zusammengefügt, das viel schöner ist als alles Vorige. Ich LIEBE ihn von ganzem Herzen. Und das ist genug.[1]

Was ich las, berührte mich so sehr, dass mir Tränen übers Gesicht liefen. Jeder einzelne falsche Gott, den ich auf ein Podest gestellt und vor mir selbst verteidigt hatte, stürzte an diesem Abend mit einem lauten Krachen zu Boden. Mein ganzes Leben lag in Trümmern, und ich weinte Tränen abgrundtiefer Trauer.

Ich trauerte um den Moment, als ich bei meinen Eltern auf der Bettkante gesessen und ihre Meinung höher geachtet hatte als die Stimme Gottes. Ich trauerte um die Vorhänge, nach denen ich mich jahrelang gesehnt hatte. Ich trauerte um die Kontrolle, die ich den Menschen um mich herum eingeräumt hatte, weil es mir so wichtig gewesen war, was sie über mich dachten. Ich trauerte darüber, dass ich an einen Plastikgott geglaubt und den Himmel lediglich für eine vage, entfernte Aussicht gehalten hatte. Ich trauerte darüber, dass es mir immer nur um mich gegangen war und dass ich meinen Überfluss vor mir selbst gerechtfertigt hatte, während andere in Not gewesen waren. Ich trauerte darüber, dass ich mich bequem zurückgelehnt und auf meinen Ruf geachtet hatte, statt mich mit meinen Gaben für Jesus einzusetzen. Ich trauerte darüber, dass ich so sehr damit beschäftigt gewesen war, meine simplen kleinen Probleme zu lösen, statt die wenigen Jahre zu nutzen, die ich auf dieser Erde verbringe.

Und dann sah ich Gott – den wahren Gott –, und ich erlebte den Moment, in dem ich ihm begegnen würde. Er saß auf seinem Thron, hatte seine Augen auf mich gerichtet und fragte mich, warum mir meine Bequemlichkeit bloß so viel wichtiger gewesen war als er. Warum hatte ich andere Menschen mehr geliebt als ihn? Warum hatte ich meine Gaben und Talente verkümmern lassen, statt sie dazu zu gebrauchen, ihn bekannt zu machen? Lag es daran, dass ich vor dem Urteil aller anderen mehr Angst gehabt hatte als vor seinem?

Während ich dies schreibe, weine ich schon wieder, denn ich kann es kaum fassen, dass ich um ein Haar mein ganzes Leben vergeudet hätte. Was wäre passiert, wenn ich es einfach ignoriert hätte, als Gott mich wachrütteln wollte? Vermutlich würde ich heute noch in der Sackgasse meines mittelmäßigen Lebens stecken, aus dem ich mich damals nicht herauswagte. Während ich weinend auf dem Badezimmerboden kauerte, kam es mir so vor, als würde Gott seine Hand unter mein Kinn legen und meinen Kopf zu sich emporheben. Er ließ mich in sein Herz und in den Himmel blicken und zeigte mir die Zerbrochenheit zahlloser Menschen. Von einem Moment auf den anderen leuchtete mir all das ein, worauf ich niemals selbst gekommen wäre. So sehr, dass ich bereit war, ja, geradezu darauf brannte, alles zu tun, was Gott wollte.

Ab in die Rettungsboote!

Als ich an jenem Abend auf dem Badezimmerboden saß, versprach ich Gott: „Ab jetzt wird sich alles ändern. Ich will künftig nur noch für den Moment leben, in dem ich dir begegnen werde. Und wenn ich schließlich im Himmel ankomme, will ich außer Atem sein, weil ich mich so sehr verausgabt habe, um alles zu tun, was du mir aufgetragen hast."

Katie Davis hat ihre glänzenden Zukunftsaussichten an den Nagel gehängt und ist in ein abgelegenes afrikanisches Dorf gezogen. Sie hat sich bewusst für ein Leben unter schwierigen Umständen entschieden, weil sie Jesus Christus mehr liebt als alles andere. Ihr „normales" Leben ist vorbei, aber dafür haben andere Menschen und ihr himmlischer

Vater inzwischen den richtigen Stellenwert. Und seit sie sich Gott restlos ausgeliefert hat, sind manche Probleme verblasst. Katie weiß, dass unser Leben auf der Erde nur ein kurzes Intermezzo ist, darum konzentriert sie sich mit allen Fasern ihres Wesens auf die Ewigkeit. Wer über seinen Schatten springt, erlebt Gott auf ungeahnte Weise. Für Katie ist er eine konkrete Realität. Er ist ihr bester Freund, ihr Ein und Alles.

Nachdem ich in meiner Highschoolzeit festgestellt hatte, dass Gott tatsächlich real ist, habe ich die Christen in meiner Umgebung beobachtet und mich verwundert gefragt: *Sind die denn alle mit Blindheit geschlagen? Begreifen sie nicht, dass es Gott wirklich gibt und dass wir schon im nächsten Augenblick bei ihm im Himmel sein können? Diese Erkenntnis müsste doch unser ganzes Leben auf den Kopf stellen!*

Später, bei meinem Theologiestudium, habe ich mich dann in der Runde meiner Kommilitonen umgeschaut. Die anderen erfuhren, genau wie ich, so viel Atemberaubendes über Gott, den Himmel und die Hölle, den geistlichen Krieg und die Ewigkeit, dass sie eigentlich völlig von den Socken gewesen sein müssten. Doch sie gingen so nüchtern an diese Themen heran, als ob sie sich lediglich darüber Gedanken machen würden, was sie nach der Vorlesung unternehmen wollten. Am liebsten hätte ich sie beim Kragen gepackt und geschüttelt, weil ich es einfach nicht fassen konnte, dass sie das alles so kaltließ.

Und dann las ich schließlich, was eine junge Frau Anfang zwanzig geschrieben hatte, und diese Worte trafen mich mitten ins Herz.

Vielleicht lassen sich die Gefühle, die mich beim Lesen von Katies Blog bewegten, am besten mit einem Bild beschreiben: Ich fühlte mich wie eine Passagierin auf einem Luxusliner, die ganz behaglich in einem Liegestuhl lag und einen Cocktail schlürfte. Ich sah mich um: Auch die übrigen Passagiere genossen ihren Urlaub, indem sie im Pool badeten oder mit ihren Freunden übers Deck spazierten. Plötzlich drang wie aus heiterem Himmel die Stimme des Kapitäns aus dem Lautsprecher. „Meine Damen und Herren, unser Schiff geht unter!“, rief er beschwörend. „Gehen Sie schnell zu den Rettungsbooten!" Jeder einzelne Tag meines Theologiestudiums, jener bewusste Abend, an dem ich Jesus zum ersten Mal wirklich wahrgenommen hatte, und jede andere Gelegenheit, bei der ich einen Vorgeschmack auf die Ewigkeit bekommen hatte, waren so eine Warnung gewesen.

Selbstverständlich ließ ich sofort alles stehen und liegen. Ich war schon die ersten Meter zu den Rettungsbooten gerannt, als ich merkte, dass sich außer mir niemand rührte. Alle anderen Passagiere hatten offenbar nichts gehört, denn sie ließen sich absolut nicht aus der Ruhe bringen. Unschlüssig blieb ich stehen und überlegte … Es sah eigentlich gar nicht danach aus, als ob uns irgendeine Gefahr drohte. Also ging ich wieder zu meinem Liegestuhl zurück. Wahrscheinlich hatte ich mir diese Durchsage nur eingebildet.

Doch ich konnte die innere Unruhe nicht abschütteln, die mich davon überzeugte, dass hier irgendetwas nicht stimmte. Wenn das Schiff tatsächlich sank, dann würden all die Leute, die es sich hier immer noch gut gehen ließen, jämmerlich absaufen.

Allen bösen Vorahnungen zum Trotz nippte ich weiter an meinem Cocktail, damit die anderen mich nicht für verrückt hielten, weil ich bei diesem Bilderbuchwetter zu den Rettungsbooten raste. Von Zeit zu Zeit ertönte die eindringliche Stimme des Kapitäns, ohne dass sich irgendjemand dadurch beirren ließ. Also schob ich die beunruhigenden Gedanken zur Seite und versuchte, meine Gelassenheit wiederzufinden.

Und dann sah ich Katie …

Es war, als ob ich aus dem Augenwinkel eine andere Passagierin wahrgenommen hätte, die aus Leibeskräften winkte und zu den Rettungsbooten zeigte. Sie setzte alles daran, möglichst viele Leute in Sicherheit zu bringen. Und dieser kurze Moment, der Bruchteil einer Sekunde, genügte, um mir klarzumachen, dass ich mich nicht getäuscht hatte: Die Stimme des Kapitäns war keine Einbildung gewesen.

Es mag sich vielleicht merkwürdig anhören, aber nachdem ich an jenem Abend Katies Blog gelesen hatte, war mein Urlaub ein für alle Mal vorüber. Ich war bereit, der Wahrheit ins Auge zu blicken, auch wenn alle anderen den Kopf in den Sand steckten.

Im Grunde hatte ich die ganze Zeit schon geahnt, dass es Gott wirklich gibt und dass unser Leben kein Ponyhof ist. Es geht nicht darum, dass ich alles bekomme, was ich mir wünsche, und dass die anderen immer mit mir einverstanden sind. Der Himmel rast auf uns zu, und Gottes Stimme war so unüberhörbar geworden, dass ich endlich aufhören musste, so zu tun, als sei alles in bester Ordnung.

An anderer Stelle schreibt Katie:

> *Kürzlich hat mich jemand gefragt: „Meinst du das ernst? Ist dein Leben wirklich so toll, wie es sich anhört? Ich könnte so etwas niemals tun. Bist du denn wirklich glücklich?" Falls sich das auch einige andere fragen, gebe ich euch hier meine Antwort:*
>
> *Wisst ihr, was ich mir manchmal wünsche? Ich würde gerne shoppen gehen und mir ein Paar wahnsinnig teure Schuhe kaufen. Oder mit meinen Freundinnen klönen, während wir gemeinsam eine ganze Packung von unserem Lieblingseis verdrücken. Ich würde gerne mal wieder eine dieser banalen Fernsehserien anschauen oder mit meinem Freund kuscheln. Manchmal würde ich nichts lieber tun, als in mein cooles Cabrio zu steigen, zum nächsten Supermarkt zu fahren und einfach alles zu kaufen, worauf ich gerade Lust habe. Ich würde gerne mit meiner Familie zusammenleben, anstatt morgens ganz alleine aufzuwachen. Es wäre so schön, mal wieder mit meinem kleinen Bruder ins Kino zu gehen und danach für ihn und seine Freunde ein Mitternachtsdinner zu kochen. Ich möchte mal wieder stundenlang mit meinen Freundinnen quatschen.*

Und ich möchte ins Fitnessstudio gehen, eine hübsche Frisur haben und hippe Jeans tragen. Im Grunde möchte ich ein ganz normales Leben führen. Ehrlich.

Aber …

Wisst ihr, was ich mir noch viel mehr wünsche? Und zwar nicht nur manchmal, sondern IMMER? Ich möchte an jedem einzelnen Tag meines Lebens innerlich ausgefüllt sein. Ich möchte von 100 Kindern umarmt und geliebt werden und keinen einzigen Tag mehr erleben, an dem ich nicht aus vollem Hals lachen kann. Ich möchte morgens von einem krähenden Hahn und meinen zwei afrikanischen Hunden geweckt werden und von meinem Fenster aus den Nil sehen können. Ich möchte immer wieder herausgefordert werden und ständig Neues dazulernen. Von denen, die ich unterrichte, will ich lernen, und ich möchte den Menschen, die ansonsten vielleicht nie davon erfahren würden, von Gottes Liebe erzählen. Ich möchte so hart arbeiten, dass ich abends dreckig, verschwitzt und zum Umfallen müde bin. Ich möchte das Gefühl haben, dass ich wichtig bin und dass Gott mich gebrauchen kann. Was ich tue, soll diese Welt verändern, und ich will dem Ruf folgen, den ich tief in meinem Herzen gespürt habe. Ich will mein Leben verschenken, indem ich Gott in jeder einzelnen Sekunde und mit jedem Atemzug diene. Hier möchte ich sein – genau hier.[2]

Nach einer einzigen Nacht, die ich mit Gott und meinem Laptop auf dem Badezimmerboden verbracht hatte, war ich bereit für größere, bessere Träume. Ich saß nicht länger gelassen am Pool und schlürfte einen exotischen Drink, während andere Menschen zugrunde gingen. Bisher hatte ich ähnliche Highlights angestrebt, wie Katie sie beschrieben hatte: in aller Ruhe eine Tasse Kaffee trinken, mit meinen Kindern eine nette Fernsehsendung anschauen oder mit Freunden mexikanisch essen gehen.

Doch in dieser bedeutungsvollen Nacht waren mir die Augen aufgegangen, und ich hatte begriffen, dass es eine Realität gab, die alles andere übertraf. Ich stand plötzlich in den Startlöchern, um Katie nachzueifern. Von nun an wollte ich so schnell laufen, wie ich konnte, und mit aller Kraft meine Arme schwenken, um so viele Leute wie nur möglich mit ins Rettungsboot zu ziehen. Ich wollte der Stimme des Kapitäns gehorchen.

Die Welt mit neuen Augen sehen: » 9

Tief greifende Veränderungen

Wenn man aus einem Traum erwacht – ganz gleich, an welchen geheimnisvollen Ort man entführt wurde –, muss man irgendwann wieder aus dem Bett steigen, frühstücken und die Spülmaschine einräumen.

Der Morgen nach meinem einschneidenden Erlebnis auf dem Badezimmerboden bildete da keine Ausnahme, und ehe ich mich versah, war ich wieder mitten im Alltag gelandet. Was am Abend zuvor liegen geblieben war, musste heute erledigt werden. Und dazu kam der übliche Trubel, in dem mich jeder in eine andere Richtung zerren wollte.

Manchmal scheint Gott realer zu sein als alle Menschen um uns herum. Zwar kommt es selten vor, doch ab und zu wirkt er so übermächtig an uns, dass wir seine Gegenwart nicht mehr leugnen können. Nach solchen außergewöhnlichen Begegnungen mit ihm wissen wir ganz genau, dass es ihn gibt, und spüren geradezu, wie er auf uns wartet. Solange wir noch unter dem Eindruck dieses Erlebnisses stehen, sehen wir den Himmel so deutlich vor uns, dass es wehtut. Aber irgendwann lässt diese Wirkung nach. Obwohl sich an den Tatsachen nichts geändert hat, stumpfen wir innerlich wieder ab.

Dieser Ablauf war mir nur allzu vertraut, denn Gott hatte sich mir im Laufe meines Lebens schon mehrmals gezeigt, und jedes Mal war der Effekt irgendwann abgeklungen. Trotzdem hatten mich diese besonderen Momente geprägt – jeder einzelne war eine wichtige Station in meinem Leben gewesen. Während ich an jenem Morgen die Teller in die Spülmaschine stellte, wurde mir jedoch klar, dass dieses Erlebnis noch tiefer ging: Es war der Augenblick, in dem Lucy hinter den Pelzmänteln das magische Land Narnia entdeckt. Wenn man weiß, dass es ein Land voller Abenteuer gibt, wo sprechende Tiere und alle möglichen Herausforderungen auf einen warten, verliert jedes gewöhnliche Spiel seinen Reiz. Ich war mir jetzt absolut sicher, dass diese andere Realität existierte, aber die Wäsche musste wohl trotzdem zusammengelegt werden. Was hätte ich denn auch sonst tun sollen? Schließlich konnte ich nicht einfach das nächste Flugzeug nach Afrika nehmen ... zumal ich gar keine Ahnung hatte, ob ich wirklich dorthin gehen sollte. Also betete ich und machte die Küche sauber.

Tief in meinem Inneren war ich davon überzeugt, dass diesmal nicht alles beim Alten bleiben würde. Irgendwann würde ich Gottes Nähe nicht mehr so deutlich spüren können, doch das Erlebnis auf dem Badezimmerboden war nicht nur eines von vielen. Es war der Punkt, an dem Gott mein Leben neu definierte. Der Moment, in dem er mich endgültig wachrüttelte.

Verträge mit Gott

Während meines Studiums hatte ich das große Privileg, Dr. Bill Bright kennenzulernen, den Gründer von „Campus Crusade for Christ International“. Dr. Bright war ein ganz normaler, bescheidener, fast unauffälliger Mann. Wenn man jedoch mit ihm sprach, spürte man, dass er sich Gott hundertprozentig zur Verfügung gestellt hatte. Zum damaligen Zeitpunkt war er gerade mitten in einer vierzigtägigen Fastenzeit, die er jedes Jahr machte, um sein Leben noch mehr in Einklang mit Gottes Willen zu bringen. Für ihn war das Unsichtbare eine konkrete Realität.

Allerdings war das nicht schon immer so gewesen. Kurz vor seinem Tod gab Dr. Bright noch ein Interview, in dem er ausführlich aus seinem Leben erzählte. Er berichtete, dass er als junger Mann große Pläne gehabt hatte und sehr ehrgeizig gewesen war. Mit seiner Frau, Vonette, hatte er davon geträumt, eines Tages ein wunderschönes Haus in Bel Air und eine erfolgreiche Firma in Hollywood zu besitzen. Und dann führte Gott ihn eines Tages in eine Gemeinde, in der er Bekanntschaft mit Jesus Christus machte.

Als sie zwei Jahre verheiratet waren, standen Bill und Vonette vor der Frage, ob sie bereit waren, alles für Gott aufzugeben. Sie entschlossen sich, ihm ihr ganzes Leben auszuliefern und alles zu tun, was er ihnen auftragen würde. Da Dr. Bright Geschäftsmann war, setzte er sogleich einen Vertrag auf, in dem er und seine Frau Gott ihr ganzes Leben, ihre Zukunft, ihr Vermögen und alles Übrige, was sie im Jahre 1951 besaßen, überschrieben.

Vierundzwanzig Stunden später gab Gott ihm die Vision, ein Missionswerk zu gründen, das die ganze Welt erreichen würde: „Campus Crusade for Christ". In dem Interview kurz vor seinem Tod erklärte Dr. Bright: „Wenn wir diesen Vertrag mit Gott nicht abgeschlossen hätten, hätten wir wahrscheinlich auch keine Vision von ihm bekommen. Gott hat uns so weit gebracht, dass wir uns ihm rückhaltlos, uneingeschränkt und unwiderruflich ausgeliefert haben. Und von diesem Moment an wusste er, dass er uns vertrauen konnte."[3]

Bedingungslose Hingabe ist die Voraussetzung für jede Vision.

Brights internationales Missionswerk ist mittlerweile in über 190 Ländern tätig (in Deutschland unter dem Namen „Campus für Christus e. V.") und beschäftigt weltweit etwa 27 000 hauptamtliche Mitarbeiter. In den vergangenen 57 Jahren hat dieses Werk mit seinen verschiedenen Arbeitszweigen ungefähr 8 Milliarden Menschen auf der ganzen Welt mit dem Evangelium von Jesus Christus bekannt gemacht.

Am selben Tag, als Bill Bright starb, es war der 19. Juli 2003, fand in Colorado eine große Konferenz statt, an der 8000 hauptamtliche und ehrenamtliche Mitarbeiter teilnahmen. Als die Leiter der Konferenz von Dr. Brights Tod erfuhren, entschlossen sie sich spontan, eine Zeit des Dankens einzulegen. Die Teilnehmer wurden aufgefordert, sich zu erheben, falls sie zu denen gehörten, die aufgrund einer persönlichen Begegnung mit Bill Bright zu Jesus gefunden hatten. Viele Anwesende erhoben sich unter Tränen, und der Beifall und Jubel an jenem Tag war unbeschreiblich. Dr. Bright hat sein Leben Gott zur Verfügung gestellt, und Gott hat ihn gebraucht, um Tausende von Menschen für die Ewigkeit zu gewinnen.

War ich bereit, dasselbe zu tun?

An jenem Morgen dauerte es nicht lange, bis mir wieder einfiel, was ich eigentlich längst wusste: Hingabe an Gott ist die Bereitschaft, ihm jeden Tag von Neuem meine ichbezogenen Wünsche zu opfern. Und die Gelegenheit dazu findet sich meist in ganz banalen, alltäglichen Dingen: Ich musste das Mittagessen kochen, einen Streit schlichten und die Bäder putzen.

Wie Sie wissen, bin ich mit einem Mann verheiratet, der vor Jahren eine elfstündige Autofahrt auf sich genommen hat, um ein Mädchen wiederzusehen, das kein gewöhnliches Leben führen wollte. Zac hilft bei der Gründung neuer Gemeinden mit, und für ihn ist das Leben – wie für viele andere Christen auch – nicht sonderlich kompliziert: Wenn Gott real ist, lebt man entsprechend. Man liest in der Bibel und tut, was darin steht. Zacs Erfahrungen mit Gott sind nicht so dramatisch und emotional wie mein Erlebnis auf dem Badezimmerboden, doch das heißt nicht, dass er weniger radikal wäre. Sobald ihm klar geworden ist, was Gott von ihm will, zieht er ganz nüchtern und pragmatisch die Konsequenzen.

Deshalb erschütterte es ihn auch keineswegs, als ich ihm mitteilte, dass ich viel zu oberflächlich gewesen war und mein Leben ändern wollte. Ob er sich wohl vorstellen könne, dass wir unser Haus verkaufen, das ganze Geld verschenken und nach Afrika gehen?

Daraufhin sah Zac mich ganz gelassen an und sagte: „Okay."

Ich weiß, dass diese Reaktion für die meisten Ehemänner nicht gerade typisch ist.

Vielleicht sind Sie ja mit einem Mann verheiratet, der Jesus Christus noch nicht kennt. Oder Sie sind Single, und Ihre Eltern und Freunde könnten niemals nachvollziehen, dass Sie für einen Gott, der anderen weit weg erscheinen mag, irgendein Risiko eingehen wollen.

Echte Hingabe an Gott kann beinhalten, dass man seinem Ehepartner oder einem anderen Familienmitglied, das sich nicht genauso danach sehnt, Gott zu gefallen, bedingungslosen Respekt entgegenbringt. Das ist ein äußerst heikles Thema, weil wir Frauen häufig das Gefühl haben, dass uns die Verpflichtungen gegenüber unserem Ehemann und unserer Familie daran hindern, selbst über unser Leben zu bestimmen. Aber wenn wir Gott wirklich vertrauen und ihm gehorchen wollen, müssen wir bereit sein, uns so in unsere Beziehungen zu investieren, wie Gott es will. Eine verheiratete Frau, die ihren Mann überholt und vor ihm herläuft, gibt ihm dadurch zu verstehen, dass sie ihn nicht nötig hat und dass sie im Grunde viel geistlicher ist als er. Machen Sie sich bitte bewusst, dass es niemals Gottes Wille sein kann, wenn Ihr Ehemann sich aufgrund Ihres geistlichen Verhaltens minderwertig fühlt.

Zac und ich haben für solche Momente der Übereinstimmung einen hohen Preis bezahlt. Es gab unzählige Auseinandersetzungen und seelsorgerliche Gespräche. Hin und wieder fragte ich mich, ob es nicht ein Fehler gewesen war, als Gott zwei so willensstarke Persönlichkeiten wie Zac und mich zusammengeführt hatte. Doch dieser jahrelange Prozess hat uns zusammengeschweißt, auch wenn wir manchmal das Gefühl hatten, immer wieder ein kleines bisschen sterben zu müssen. So war es ja auch in gewisser Hinsicht, und es war gut so, weil es zu Gottes Plan gehörte.

Vielleicht sieht Ihre Situation nicht so aus, dass Sie und Ihr Partner sich darin einig sind, sich Gott restlos auszuliefern. Aber denken Sie daran, dass Gott sogar das Herz von Königen und auch die Herzen Ihrer Lieben lenkt. Und wir werden in der Bibel immer wieder daran erinnert, worauf es Jesus am meisten ankommt: „An eurer Liebe zueinander wird jeder erkennen, dass ihr meine Jünger seid" (Johannes 13,35).

Falls Gott also an Ihnen wirkt und Sie zu uneingeschränkter Hingabe auffordert, bevor Ihre Angehörigen ebenfalls so weit sind, dann begegnen Sie ihnen mit aufrichtiger Liebe und warten Sie auf Gott. Gehorchen Sie Ihrem Vater im Himmel. Wenn Sie verheiratet sind, sollten Sie sich davor hüten, große Pläne zu schmieden, die weder Gott noch Ihren Partner einbeziehen.

Durch unsere Liebe zeigen wir anderen – insbesondere unserem Partner und unseren engsten Angehörigen –, wie Gott wirklich ist. Und das wird ihre Herzen verändern.

Ansteckend

Obwohl Zac und ich ganz unterschiedlich veranlagt sind, war er genau wie ich an einen Punkt gekommen, an dem er sich Gott ohne Wenn und Aber zur Verfügung stellen wollte.

Er begann, Katies Blog zu lesen, und war ebenso fasziniert davon wie ich. Kurz darauf hielt er eine Osterpredigt, die ich niemals vergessen werde. Er predigte über einen Text aus 1. Korinther 15. Dort sagt Paulus: „Wenn aber Christus nicht von den Toten auferweckt wurde, ist euer Glaube nichts als Selbstbetrug ... Wenn die Toten nicht auferstehen, dann haben alle recht, die sagen: ‚Lasst uns essen und trinken, denn morgen sind wir tot'" (V. 17.32).

Doch wenn Christus tatsächlich auferstanden ist, dann sollten wir alles auf eine Karte setzen!

Für Menschen, die an den ewigen Gott glauben, dürfte es nichts Ungewöhnliches sein, dass sie ihr Leben für ihn riskieren wollen. Ja, eigentlich müsste jeder, der behauptet, dass er zu Jesus Christus gehört, das als völlig selbstverständlich betrachten.

In Zacs Augen war es absolut logisch, dass nur eines von beidem stimmen konnte: Entweder existiert Gott überhaupt nicht, dann ist mit dem Tod alles aus. Dann sollten wir versuchen, so viel wie möglich aus unserem kurzen Leben herauszuschlagen. Warum sitzen wir hier so brav herum, wenn es im Universum außer uns nur noch ein endloses Nichts gibt?

Die andere Möglichkeit ist dagegen, dass Gott real ist und dass er seinen Sohn als Mensch auf diese Erde geschickt hat, damit er an zwei zusammengenagelten Holzbalken stirbt. Jesus war als Einziger imstande, uns von der Macht der Sünde loszukaufen und wieder zurück zu unserem Vater im Himmel zu bringen. Und nachdem er gestorben war, wurde er wieder lebendig, weil er über die Macht des Todes triumphierte.

Diese Geschichte haben wir schon so oft gehört, dass sie für uns gar nichts Besonderes mehr ist. Doch wenn wir tatsächlich miterlebt hätten, wie jemand gestorben, kurz darauf wieder aufgetaucht ist und mit seinen Freunden geredet hat, würde diese Erfahrung unser ganzes Leben auf den Kopf stellen. Jesus hat damit endgültig bewiesen, dass er Gott ist.

Der Glaube daran sollte unser persönliches Weltbild aus den Angeln heben. Wer innerlich an diesem Punkt angelangt ist, scheut sich nicht mehr, mit den Armen zu winken, um seine Mitpassagiere vor dem Ertrinkungstod zu retten. Er konzentriert sich so sehr darauf, was Gott von ihm will, dass es ihm ganz egal ist, ob andere Leute ihn für verrückt halten. Schließlich weiß er, dass das Universum nicht bloß von einem großen Nichts erfüllt ist und dass es um viel mehr geht als unser kurzes Zwischenspiel auf diesem Planeten.

Zacs Predigt gehörte zu der Sorte, die einen entweder so nervös macht, dass man auf seinem Stuhl herumrutscht und das Ende herbeisehnt. Oder sie berührte einen so sehr, dass man wie gebannt jedes Wort in sich aufsog. Für viele Leute traf Letzteres zu. In den folgenden Wochen schrieb ich in meinen Blog:

Erweckung

20. April 2009

Es ist, als ob alles, woran ich glaube, schlagartig zum Greifen nah vor mir stehen würde – der Himmel, Gott in mir, die Befreiung von jahrelangen Zwängen, meine eigentliche Bestimmung. Und weil diese Dinge plötzlich ganz real sind, lebe ich auch entsprechend. So zu leben, hat jedoch seinen Preis: Es kostet mich alles, was ich bin und habe. Wenn ich meine Prioritäten überprüfe, merke ich, wie viel mir mein Glück, ein gewisser Komfort und die Meinung anderer Leute bedeuten. Dann sagt Gott, dass ich ihm meine selbstsüchtigen Wünsche opfern, meinen ganzen Besitz verkaufen und mein eigenes Leben hassen soll.

„Einverstanden“, antworte ich.

Und was bedeutet das? Sollten wir unser Haus verkaufen? Wir haben doch noch Platz – sollen wir nicht ein Kind aufnehmen, das ein Zuhause braucht? Eigentlich könnte ich doch unsere Nachbarn an Ostern zum Essen einladen.

Die Menschen um mich herum warnen mich: „Tu das auf keinen Fall aus den falschen Motiven heraus“ – etwa aus Abenteuerlust oder um möglichst edel zu wirken. Und ich sage: „Gut, vielen Dank für den Hinweis.“

Es gibt aber auch Leute, die genau dieselben Gedanken bewegen und die Gott um dasselbe bitten. Und allmählich beginnt in unseren Herzen etwas zu keimen – keine Abenteuerlust oder Profilierungssucht, sondern ein Impuls von Gott. Er fordert uns auf, noch ein Stück weiter zu gehen: zu sterben, um wirklich leben zu können.

Ich kann nicht verhindern, dass mein Herz blutet. Wir orientieren uns in unseren Gebeten und Zielen an der Ewigkeit und nicht am Traum vom guten Leben. Und seltsamerweise finde ich das völlig in Ordnung.[4]

Zac und ich standen praktisch in den Startlöchern, und dasselbe galt für einige unserer Freunde. Doch was nun? Was erwartete Gott jetzt von uns?

Uns war klar, dass es nicht darum ging, irgendetwas Spektakuläres zu tun, das uns wie Märtyrer oder besonders selbstlose Menschen erscheinen ließ. Unsere Hingabe war schlicht und einfach eine Vereinbarung mit dem lebendigen, handelnden Gott des Universums. Darin erklärten wir, dass er mit uns machen konnte, was er wollte. Wir gehörten ihm, und allein durch seinen Geist würden wir herausfinden können, was wir tun sollten. Natürlich würden wir auch nur imstande sein, es auszuführen, wenn er uns mit seiner Kraft unter die Arme griff. Wieder war der einzige Schritt, der uns einfiel, das Gebet.

Also beteten wir …

Gott ist größer: Das Wagnis

10

„Herr, wir wollen alles tun, was du willst. Wirklich alles."

An dem Abend, an dem Zac und ich dieses Gebet gesprochen hatten, sah ich Gott beim Einschlafen in die Augen und fragte ihn, was er denn nun mit mir vorhatte.

Uns war nicht einmal so mulmig zumute, wie man eigentlich hätte erwarten können. Dazu waren wir das normale Leben viel zu leid. Zwar hingen wir immer noch an unseren bequemen, vernünftigen Verhältnissen, doch die Sehnsucht nach einem Leben, das man erst finden kann, wenn man alles Normale, Bequeme und Vernünftige über Bord wirft, war stärker. Weil der Himmel förmlich auf uns zuraste, wollte ich künftig jeden Augenblick im Licht des Moments beurteilen, in dem ich Gott von Angesicht zu Angesicht sehen würde.

Ich war bereit, mich nicht länger an dieses flüchtige irdische Dasein zu klammern, sondern ausschließlich für meinen Vater im Himmel zu leben. Weder er noch ich sollten einmal überlegen müssen, ob ich tatsächlich alles darangesetzt hatte, seine Pläne zu verwirklichen. Am Ende meines Lebens wollte ich mit Gott im Reinen sein – das war viel wichtiger, als es den Leuten um mich herum recht zu machen.

Als wir dieses folgenschwere Gebet sprachen, wusste Gott schon längst, was er mit uns anfangen wollte. Er hatte nur darauf gewartet, dass wir diese Entscheidung trafen: „Der Herr steht allen bei, die allein ihm vertrauen. Auf der ganzen Welt sucht er nach solchen Menschen" (2. Chronik 16,9).

Bereit aufzuwachen?

Wir sind nicht die einzige Generation, die darauf brennt, sich Gott uneingeschränkt zur Verfügung zu stellen: Viele Menschen, deren Leben die Geschichte geprägt hat, sind uns darin ein Vorbild.

Zum Beispiel Dwight Lyman Moody, einer der größten Evangelisten des 19. Jahrhunderts. Er war Schuhverkäufer, stammte aus einfachen Verhältnissen und hatte keine gute Ausbildung. Trotzdem fühlte er sich dazu berufen, anderen Menschen von Gottes Liebe zu erzählen. Der Moment, in dem die Weichen für seine Zukunft gestellt wurden, ereignete sich auf einer Wiese, wo Moody sich frühmorgens mit einigen Freunden zum Gebet getroffen hatte. Damals sagte sein Freund Henry Varley zu den anwesenden jungen Männern: „Die Welt wartet immer noch darauf, dass sie endlich mit ansehen kann, was Gott mit, für, durch und in Menschen zu tun vermag, die sich ihm vollständig geweiht haben."[5]

Für den Rest seines Lebens strebte Moody danach, so ein Mensch zu sein – jemand, der sich Gott mit Haut und Haaren auslieferte und bereitwillig alles tat, was Gott ihm auftrug. In jenem Augenblick war er praktisch für die irdische Welt gestorben und von nun an als Botschafter einer anderen Welt unterwegs. Obwohl er weder ein Theologiestudium noch einen ausgeklügelten Plan aufweisen konnte, sagte er den Menschen unablässig, dass sie mit Gott rechnen mussten. Sein kurzes, leidenschaftliches Leben hat Spuren hinterlassen, die bis in die Ewigkeit hineinreichen.

Dank Moody haben Zehntausende Jesus Christus gefunden oder sind wieder zu ihm zurückgekehrt. Aus dem Dienst eines Mannes, der selbst nicht sonderlich gebildet war, sind mehrere Schulen sowie das berühmte „Moody Bible Institute“ in Chicago hervorgegangen, das seit Generationen christliche Führungspersönlichkeiten ausbildet.[6]

Wie würden Sie reagieren, wenn jemand heute sagen würde: „Die Welt wartet immer noch darauf, dass sie endlich mit ansehen kann, was Gott mit, für, durch und in Menschen zu tun vermag, die sich ihm vollständig geweiht haben“? Ich weiß nicht, wie viel sich mittlerweile in dieser Hinsicht getan hat, aber ich bin überzeugt, dass unsere Generation sich dieser Herausforderung stellen will.

Wenn ich mich umschaue, kann ich deutlich erkennen, dass gewisse geistige Strömungen unserer Kultur und unseren Seelen ihren unverwechselbaren Stempel aufgedrückt haben. Wir sind dazu verleitet worden zu denken: *Die siebzig oder achtzig Jahre, die unser Leben dauert, sind doch eigentlich eine recht lange Zeit. Komfort und Sicherheit sind ehrbare Ziele. Materielle Dinge zählen. Als Bürger der westlichen Welt habe ich ein Recht darauf, glücklich zu sein. Es gefällt Gott, wenn wir uns anständig benehmen.*

Ich glaube, dass allmählich immer mehr Leute auf solche Lebenskonzepte aufmerksam werden und sie anhand der Bibel überprüfen. Und dabei drängt sich mancher revolutionäre Gedanke auf: *Wenn es Gott wirklich gibt und wir für immer bei ihm sein werden, sollte sich dann nicht unser ganzes Leben um ihn drehen? Sollte er nicht die einzige maßgebliche Instanz sein? Wenn wir das tatsächlich glauben, dann müsste sich doch eigentlich alles ändern …*

Unsere Generation scheint immer mehr vor der Art von Religiosität zurückzuschrecken, die Gott so beschrieben hat: „Dieses Volk gibt vor, mich zu ehren – doch sie tun es nur mit den Lippen, mit dem Herzen sind sie nicht dabei“ (Jesaja 29,13).

Kindlicher Glaube

Kurz nachdem meine ältere Tochter sich entschieden hatte, an Jesus Christus zu glauben, unterhielten wir uns auf einer Autofahrt darüber, wen sie zu ihren besten Freunden zählte. Da Kate im Kindergarten sehr beliebt war, konnte sie eine ganze Liste von Namen herunterrasseln. Mittendrin wurde sie jedoch von meinem Sohn unterbrochen, der in der neunmalklugen Art eines Sechsjährigen sagte: „Kate, dein bester Freund sollte eigentlich Gott sein."

Bevor ich etwas erwidern konnte, antwortete seine kleine Schwester weise: „Dazu ist es noch zu früh, Conner. Wir müssen uns ja erst richtig kennenlernen."

Kate wusste, dass sie sich auf einer Reise befand, die gerade erst begonnen hatte. Und sie hatte nicht vor, sich zu verstellen, indem sie so tat, als ob sie und Gott sich schon sehr nahegekommen wären.

Viele von uns sind innerlich schon so aufgerüttelt, dass sie nicht länger einen falschen Eindruck erwecken wollen. Unsere Generation scheint mir ziemlich aufrichtig zu sein: Solange wir etwas nicht ganz sicher wissen, halten wir lieber den Mund. Aber man kann deutlich spüren, dass es überall auf dem Schiff zu rumoren beginnt: Immer mehr Leute wachen auf und schwenken die Arme – angefangen bei Katie Davis bis zu Autoren wie Francis Chan und David Platt. Es tut sich also etwas …

Die Preisfrage lautet: Ist mein Glaube an das Unsichtbare so groß, dass ich wirklich bereit bin, dafür zu leben?

Wir sind aufgerufen, Gott so bedingungslos zu vertrauen, wie ein Kind es tut. Denn Kinder reagieren mit einer verblüffenden Zuversicht und absoluter Konsequenz: Wenn sie etwas für wahr halten, glauben sie fest daran und verhalten sich auch entsprechend. Jesus hat seinen Jüngern nicht umsonst eingeschärft: „Wenn ihr euch nicht ändert und so werdet wie die Kinder, kommt ihr nie in Gottes neue Welt" (Matthäus 18,3).

Als mein Sohn Conner vier Jahre alt war, lernte er, dass er Gott alles sagen kann, was ihn beschäftigt. Er begann zu begreifen, dass es Gott wirklich gibt und dass er seine Gebete hört. Etwa um dieselbe Zeit erklärten wir Conner, was Schnee ist, weil er noch nie welchen gesehen hatte. In Texas schneit es nämlich nicht so häufig, doch das hinderte meinen Sohn nicht daran, Gott inständig darum zu bitten, es schneien zu lassen.

Conner war sehr hartnäckig, und nachdem er wochen-, ja sogar monatelang für Schnee gebetet hatte, versuchte ich ihn schließlich davon abzubringen. Immerhin war es inzwischen Frühling geworden, und ich konnte mir absolut nicht vorstellen, dass es um diese Jahreszeit noch so weit südlich schneien würde. Aber mein vierjähriger Sohn hatte noch nie zuvor mit solcher Beharrlichkeit und Ernsthaftigkeit für irgendetwas gebetet. In seinem kindlichen Glauben rechnete er fest damit, dass Gott ihn erhören würde. Schließlich wusste er, dass Gott real war und als Herrscher über das Universum auch jede Menge Schnee auf Lager hatte.

Je weiter der Frühling voranschritt, desto höher kletterten die Temperaturen. Eines Abends fiel die Wettervorhersage im Fernsehen jedoch überraschend aus: Der Nachrichtensprecher, der es offenbar selbst kaum glauben konnte, kündigte an, dass es am nächsten Tag bei uns schneien würde.

Und tatsächlich: An einem herrlichen Tag im März schneite es in Dallas so stark, dass die Kinder den ganzen Tag lang Schneemänner bauen und sich gegenseitig mit Schneebällen bewerfen konnten. Ob sie wohl ahnten, dass sie dieses Vergnügen meinem Sohn zu verdanken hatten? Nur kurz danach stiegen die Temperaturen wieder auf 21 °C.

Gott sah das Herz eines Kindes, das sich ganz schlicht und einfach darauf verließ, dass er existierte. Und weil es für ihn eine Kleinigkeit war, Conners Gebet zu erhören, entschied er sich, ihm diesen Wunsch zu erfüllen. Ich weiß, dass Gott längst nicht all unseren Wünschen nachgibt, und manchmal scheint es sogar, als würde er uns Dinge verweigern, die für uns von größter Wichtigkeit sind. Doch unser Vater im Himmel ist anders als wir. Und auch wenn sein Wirken für uns oft unergründlich ist, sollen wir so vertrauensvoll wie ein kleines Kind daran festhalten, dass er alles richtig macht – eben weil er Gott ist.

Kein Dummkopf

Jim Elliot war ein Mann, der sich Gott uneingeschränkt verschrieben hatte. Nach seinem Studium drängten ihn Angehörige und Freunde, in seiner Heimat als Jugendpastor zu arbeiten. Doch er war der Meinung, dass die amerikanischen Gemeinden bereits bestens versorgt seien und die äußere Mission Vorrang haben müsse. Ohne sich selbst zu schonen, wollte er für die Sache Gottes kämpfen. Darum rannte er, begleitet von seiner Frau Elisabeth und einigen Freunden, genau in die Ecken des sinkenden Schiffes, in die die Stimme des Kapitäns bisher noch nicht gedrungen war: Sie wollten die Volksgruppe der Huaorani erreichen, die in Ecuador lebte.

Sowohl Jim als auch seine Freunde wussten, dass dies ein äußerst gewagtes Unternehmen war. Die Huaorani waren nämlich dafür berüchtigt, nicht lange zu fackeln, bevor sie jemanden umbrachten. Nachdem Jim und einige andere sich gründlich vorbereitet hatten, zogen sie in den Dschungel und wohnten in der Missionsstation Shandia. Dort wurde 1955 das einzige Kind von Jim und Elisabeth Elliot, eine Tochter namens Valerie, geboren.

Von einem kleinen Flugzeug aus knüpften Jim, vier weitere Missionare und der Pilot die ersten Kontakte mit den Huaorani. Sie redeten über Lautsprecher mit ihnen und ließen an einem Korb Geschenke für sie herab. Ein paar Monate später entschlossen sich die Männer, in der Nähe des Huaorani-Dorfes einen Stützpunkt zu errichten. Einmal bekamen sie dort Besuch von einer kleinen Gruppe, und ein besonders neugieriger Huaorani durfte sogar in ihrem Flugzeug mitfliegen. Von diesen friedlichen Begegnungen ermutigt, nahmen sie sich schließlich vor, ins Dorf der Ureinwohner vorzudringen. Kaum war ihr Flugzeug jedoch am 8. Januar 1956 gelandet, wurden Jim und seine vier Begleiter von kriegerischen Huaorani umgebracht. Ihre Leichen wurden ein Stück weiter flussabwärts gefunden.

Nach seinem Tod entdeckte Elisabeth, dass ihr Mann folgenden Satz in sein Tagebuch geschrieben hatte: „Der ist kein Tor, der hingibt, was er nicht behalten kann, auf dass er gewinne, was er nicht verlieren kann.“[7]

Einige Zeit später gingen Elisabeth und die anderen Frauen zu dem Stamm zurück, der ihre Ehemänner so brutal ermordet hatte. Aufgrund der bedingungslosen Liebe und Vergebung, die diese Frauen den Huaorani entgegenbrachten, nahmen viele Stammesmitglieder Jesus Christus als ihren Herrn und Erlöser an.

Sich Gott ganz und gar anzuvertrauen, ist nicht töricht, wenn man an den Himmel glaubt. Eigentlich ist es sogar ganz vernünftig, dass wir alles auf eine Karte setzen. Denn wenn Christus tatsächlich von den Toten auferstanden ist, können wir ruhig hergeben, was wir am Ende sowieso verlieren werden, damit wir bekommen, was uns keiner nehmen kann. Was sollten wir auch sonst tun?

Diese fünf Missionare waren ganz gewöhnliche Menschen, die Gott nur deshalb auf so außergewöhnliche Weise gebrauchen konnte, weil sie sich ihm völlig ausgeliefert hatten. Dasselbe gilt übrigens für alle Leute, die Gottes Reich geprägt haben: Ob es sich um den Apostel Paulus, D. L. Moody, Billy Graham, Mutter Teresa oder Katie in Uganda handelt – sie alle sind oder waren durchschnittliche Menschen, die sich Gott mit Leib und Seele verschrieben haben.

Zac und ich wollten uns auch in diese Riege einreihen. Wir wollten zu den Menschen gehören, die Gott gebraucht, um seine ewige Geschichte zu schreiben. Anstatt uns auf Lippenbekenntnisse zu beschränken, wollten wir ihm unser ganzes Leben weihen. Und wir waren bereit, unser Schubladendenken und unsere Erwartungen aufzugeben.

„Herr, wir wollen alles tun, was du willst. Wirklich alles." Jetzt lag unser Schicksal in den Händen eines Gottes, der nicht nur unsichtbar, sondern auch geheimnisvoll und unergründlich ist.

Tausend Probleme: »11

Reise in ein unbekanntes Land

Eine ganze Woche lang sprachen wir jeden Abend dasselbe Gebet. Und jedes Mal legten wir Gott eine andere Sache zu Füßen. Als Erstes boten wir ihm unser Haus an: Wie kleine Kinder, die Monopoly spielen, hielten wir ihm unser rotes Plastikhäuschen hin und erkundigten uns, ob er daran interessiert sei. Gespannt warteten wir auf seine Antwort. Das Überwältigende war, dass wir Gottes Stimme deutlich hören konnten. Zac und ich spürten beide ganz genau, ob er Ja oder Nein sagte. Nachdem wir unser Zuhause vierundzwanzig Stunden lang auf den Altar gelegt hatten, waren wir davon überzeugt, dass wir es erst mal behalten sollten.

Wir hatten Gott angeboten, unser Haus zu verkaufen, weil es – finanziell gesehen – das Wertvollste war, das wir besaßen. Aber auch in anderer Hinsicht bedeutete es uns viel: Nach sechsmonatiger Bauzeit hatten wir uns hier endlich häuslich eingerichtet und zum allerersten Mal meine heiß ersehnten Gardinen aufgehängt. Erstaunlicherweise war ich trotzdem innerhalb weniger Wochen bereit, mich von etwas zu trennen, an das ich jahrelang mein Herz gehängt hatte. Und der Gedanke, dass Gott dieses Opfer annehmen könnte, jagte mir nicht einmal Angst ein. Die Sehnsucht nach einem richtigen Zuhause, die mich so lange beherrscht hatte, war plötzlich kaum noch zu spüren. Gott hatte alles ins richtige Licht gerückt, und es war fast unglaublich, mit wie viel Begeisterung wir uns ausmalten, was Gott wohl mit dem Geld anfangen würde, das der Verkauf unseres Hauses erzielen könnte. Inzwischen ist uns jedoch klar geworden, weshalb Gott uns bisher vor diesem Schritt zurückgehalten hat. Er wusste nämlich, dass wir einen sicheren Stützpunkt brauchen würden, von dem aus wir all das in Angriff nehmen konnten, was er uns auftragen würde.

Als wir am nächsten Abend erneut dieses Gebet sprachen, kam mir das zusätzliche Bett im Zimmer meines Sohnes in den Sinn. Darum fragten wir: „Herr, möchtest du, dass wir ein fremdes Kind aufnehmen?“ Wieder einmal konnten Zac und ich kaum fassen, wie lautstark und unmissverständlich sich unser unsichtbarer Herr zu Wort meldete. Denn wir waren uns beide plötzlich ganz sicher, dass er Ja sagte. Aber was genau sollten wir jetzt tun? Wollte Gott, dass wir ein Kind adoptierten oder ein Pflegekind aufnahmen? Diese Frage blieb vorläufig noch offen.

In dieser Runde unseres Monopoly-Spiels gab Gott uns das rote Plastikhäuschen zurück und nahm stattdessen das leere Kinderbett. Zwar würde es noch ein Weilchen dauern, bis dieses Bett einen neuen Besitzer haben würde, doch die Aussicht darauf beunruhigte mich mehr als die Vorstellung, unser Haus verkaufen zu müssen. Im Moment war unsere Familie ein eingespieltes Team, in dem jeder seinen festen Platz hatte. Wir waren einander alle sehr ähnlich – unsere Kinder waren flexibel, lebenslustig und unkompliziert. Dass in dieses harmonische Miteinander nun irgendein „Fremdkörper“ eindringen könnte, behagte mir gar nicht. Aber ich versuchte, dieses Gefühl zu unterdrücken, weil ich genau wusste, dass es nicht mehr an mir war, solche Entscheidungen zu fällen. In Zukunft würden wir keine Pro-und-Kontra-Listen mehr aufstellen, ich würde mich nicht mehr an meinem imaginären Wunschzettel für die Zukunft orientieren, und in Bezug auf unsere Familie würde die Vernunft nicht mehr das oberste Gebot sein. Unser Leben wurde jetzt ausschließlich von einem Gott gelenkt, dessen Handeln sich nicht in irgendeine Schublade einordnen ließ.

An den darauffolgenden Abenden legten wir Gott immer mehr Dinge zu Füßen, die für uns sehr wichtig waren. Zum Beispiel unsere Gemeinde. Wollte er, dass Zac seine Gaben und Talente irgendwo anders einsetzte, oder war es womöglich an der Zeit, dass die Gemeinde einen neuen Leiter bekam? Als Nächstes boten wir Gott an, Amerika zu verlassen. Wir waren bereit, nach Übersee zu gehen, wenn wir ihn dadurch am meisten ehren konnten, solange wir auf dieser Erde waren. Wieder spürten wir jedoch, dass er sagte: *Nein, noch nicht.*

Für manches, was wir ihm anboten, hatte Gott Verwendung, während er uns anderes bis auf Weiteres wieder zurückgab. Ohne uns sofort im Einzelnen zu verraten, was er vorhatte, machte er uns auf bestimmte Bereiche unseres Lebens aufmerksam, in denen er uns in den nächsten Jahren gebrauchen wollte. Auf unser unsichtbares Monopoly-Spiel bezogen, hieß das, dass Gott all unsere Häuschen und Hotels genau begutachtete. Und obwohl er jedes einzelne für sich beanspruchte, wählte er nur einige wenige aus, die er gleich jetzt für seine Zwecke benutzen wollte.

Viele Sorgen

Gott zu versprechen, dass wir alles tun würden, was er wollte, war erst der Anfang … der Anfang einer abenteuerlichen Reise in ein unbekanntes Land. Mir war klar, dass Gott unsere Lebensumstände verändern würde. Und dass er uns Stück für Stück auseinandernehmen und genau so gebrauchen würde, wie er es für richtig hielt.

Allerdings hätte ich mir nie träumen lassen, wie rasch sich diese Entscheidung auf mein Inneres auswirken würde. So viele Jahre lang war ich von Angst, Unzufriedenheit und schlechtem Gewissen gequält worden. Und während wir nun im Bett lagen und immer mehr Bereiche unseres Lebens losließen, die uns vorher so wichtig erschienen waren, begannen alte Sünden und Fesseln von uns abzufallen. Gott veränderte mich. Alles veränderte sich plötzlich.

A. W. Tozer behauptet, dass viele nebensächliche Probleme schlagartig aus unserem Leben verschwinden, wenn wir Gott den Platz einräumen, der ihm gebührt.[8] Jesus selbst hat es so ausgedrückt: „Sorgt euch vor allem um Gottes neue Welt, und lebt nach Gottes Willen! Dann wird er euch mit allem anderen versorgen" (Matthäus 6,33).

Bevor wir dieses radikale Gebet gesprochen hatten, war ich innerlich ziemlich verkorkst gewesen. Ich steckte in einer Sackgasse, und jeder, den ich kannte, litt unter den gleichen Problemen. Weil ich mich so unbändig nach Veränderung und Heilung sehnte, verschlang ich Berge von christlicher Lebenshilfe-Literatur. Aber nachdem ich die darin enthaltenen Ratschläge befolgt hatte, ging es mir oft noch mieser als vorher.

Wenn meine Kinder mir vor anderen Leuten eine freche Antwort gaben, reagierte ich aus lauter Verlegenheit viel heftiger als nötig. Wenn jemand warten musste, weil ich zu spät kam, war mir das maßlos peinlich. Ständig plagten mich Sorgen um unsere Gemeinde und all die Leute, denen ich es unbedingt recht machen wollte. Und ich war oft niedergeschlagen, ohne zu wissen, weshalb.

All diese Kämpfe waren deutliche Anhaltspunkte dafür, dass ich immer noch an einen Plastikgott glaubte. Im tiefsten Grunde meines Herzens zweifelte ich immer noch daran, dass Gott mich im Blick hatte. Und meine Einstellung bewies, dass mir mehr an diesem kurzen Leben auf der Erde lag als an dem zukünftigen, das niemals enden wird. Ich bemühte mich, alles richtig zu machen, und wollte jeder Anforderung gewachsen sein.

Dabei konnte ich beobachten, wie um mich herum Ehen zerbrachen und dadurch viel Groll und Bitterkeit entstand. Andere Leute aus unserem Bekanntenkreis kämpften jahrelang mit Depressionen. Manche von ihnen fühlten sich nicht einmal besonders deprimiert, sondern eher wie betäubt. Sie waren rastlos, unzufrieden und immer auf der Suche nach der nächsten Ablenkung.

Wenn mir damals jemand gesagt hätte, dass meine inneren Nöte schlagartig auf einen Bruchteil ihrer vorherigen Größe zusammenschrumpfen würden, sobald ich mich Gott ohne Hintertürchen auslieferte, hätte ich diese Äußerung als abgedroschenen Spruch abgetan wie: „Jesus ist die Lösung all deiner Probleme."

Zwar hätte ich nicht widersprochen, aber schlicht und einfach nicht gewusst, was ich damit anfangen sollte. Mich dazu zu verpflichten, jeden Tag ausschließlich für Gott zu leben, stimmte damals absolut nicht mit meiner Vorstellung von wahrer Freiheit überein – eher mit dem Gegenteil.

Welche Voraussetzungen sind also nötig, damit Gott uns wirklich verändern kann?

■ ■ ■

Vor Kurzem sind wir mit Freunden zu einem See gefahren und haben dort ein Boot gemietet. Ungefähr zwanzig Meter von einer Klippe entfernt hielten wir an, und ich erklärte meinen beiden Ältesten, dass sie hinaufklettern und hinunterspringen dürften. Voller Begeisterung hüpften sie vom Boot aus ins Wasser, schwammen ans Ufer und stiegen auf den Felsen hinauf. Wir waren zu weit weg, um sie reden zu hören, und hätten sie nur durch lautes Rufen auf uns aufmerksam machen können. Daher konnte ich lediglich von Weitem beobachten, wie die beiden oben auf der Klippe saßen und miteinander beratschlagten, ob sie tatsächlich springen sollten oder nicht. An der Körperhaltung meines Sohnes ließ sich leicht ablesen, dass er der unsicherere der beiden war.

Ich sah ein wenig hilflos zu und hoffte, dass sie sich trauen würden, denn es gab keinen besseren Weg nach unten. Was die beiden jetzt spürten, wusste ich – es war eine Mischung aus Adrenalin, Angst und Übelkeit. Und dieses Gefühl kann man nur überwinden, indem man springt oder auf allen vieren wieder nach unten krabbelt.

Springen wir, oder wollen wir uns lieber auf allen vieren rückwärts bewegen?

Solange wir unser Leben noch krampfhaft festhalten und darüber nachdenken, ob wir es Gott wirklich ausliefern sollen, haben die meisten von uns dasselbe Gefühl wie meine Kinder dort auf der Klippe. Es kommt uns so vor, als ob wir sterben müssten, wenn wir tatsächlich den Schritt ins Leere wagen.

Doch als ich mich Gott voll und ganz anvertraute, brachte mir genau das die Freiheit, von dem ich meinte, dass es meine Flügel endgültig stutzen würde. Zwar hat es sich angefühlt wie Sterben, und das tut es immer noch, aber dieser Schmerz ist der Schlüssel, der die Tür zur Freiheit aufschließt. Und dahinter sind Frieden, Freude, Hoffnung und der Verzicht darauf, alles unter Kontrolle zu haben. Für dieses Leben bin ich geschaffen worden.

Letzten Endes sind meine Kinder gesprungen – und dann wieder und wieder und wieder. Sie konnten gar nicht mehr damit aufhören, sodass wir schließlich zu ihnen hinüberrudern und sie ins Boot holen mussten, bevor es dunkel wurde. Nicht auszudenken, dass sie dieses Vergnügen um ein Haar verpasst hätten!

Wir müssen unsere Zweifel und Ängste überwinden und Gott vertrauen, weil er vertrauenswürdig ist. Er weiß, wie sich aus unserem Leben das Allerbeste machen lässt. Und je öfter wir springen und dabei merken, dass Gott immer greifbarer in unsere Nähe rückt, desto kleiner wird unsere Angst – und desto höher die nächste Klippe.

■ ■ ■

Ich liebe diesen Bibelvers: „Wer (mit Christus) gestorben ist, kann nicht mehr beherrscht werden – auch nicht von der Sünde“ (Römer

6,7). Es ist befreiend, wenn wir das Leben samt unseren Rechten und Erwartungen loslassen.

Als Jesus auf dieser Erde lebte, hat er einige Dinge gesagt, die ich nie wirklich ernst genommen habe. Sie klingen in unseren Ohren ziemlich sonderbar und altmodisch: „Glücklich sind, die erkennen, wie arm sie vor Gott sind. Glücklich sind die Trauernden. Glücklich sind, die verfolgt werden. Glücklich könnt ihr sein, wenn ihr verachtet, verfolgt und verleumdet werdet, weil ihr mir nachfolgt" (Matthäus 5,3+4.10+11).

Warum können wir unter solchen Umständen glücklich sein und uns freuen? Weil uns im Himmel eine große Belohnung erwartet, wenn wir in diesem Leben leiden müssen und um Jesu willen Opfer bringen. Durch das Leiden werden wir auf die Ewigkeit vorbereitet.

Allerdings habe ich das früher nie so gesehen. Ich habe versucht, jeden Schmerz, der mich quälte, mithilfe eines Seelsorgers oder einer guten Tasse Kaffee aus der Welt zu schaffen. Und obwohl weder an der einen noch an der anderen Methode irgendetwas auszusetzen ist, haben sie doch nie bis ins Letzte funktioniert. Denn der Schmerz ist geblieben.

Niemand hat mir gesagt, dass es ganz normal ist, dass wir leiden. Wir befinden uns nämlich in einem geistlichen Kampf, und kein Soldat würde damit rechnen, dass es im Krieg bequem und gemütlich zugeht.

Während all der Jahre, die ich in meinem christlichen Elternhaus und in der Gemeinde verbracht habe, ist es mir gelungen, jeder Herausforderung auszuweichen, die auch nur im Entferntesten nach radikaler Nachfolge roch.

Lass dich nicht länger von deinen ichbezogenen Wünschen beherrschen. Liefere dich Gott restlos aus. Gib ihm alles, was du hast. Solche Aufforderungen waren meiner Meinung nach für besonders gefühlsbetonte Momente auf Jugendfreizeiten reserviert. Vielleicht richteten sie sich auch an Missionare, aber mit meinem täglichen Leben hatten sie absolut nichts zu tun. Jeden Tag Jesus Christus nachzufolgen, indem ich mein Kreuz auf mich nahm und Schritt für Schritt hinter ihm herging, war in meinen Augen viel zu drastisch und mit unnötigen Kosten verbunden.

Doch jetzt war ich dazu bereit: Ich würde lernen müssen, mir auf die Lippe zu beißen, wenn ich mich bei einem Streit mit Zac im Recht fühlte. Oder lernen, mich um Versöhnung zu bemühen, anstatt die beleidigte Leberwurst zu spielen. Dem Auto, das nach mir aufgekreuzt war, die Parklücke zu überlassen, ohne auf mein Recht zu pochen. Zum hundersten Mal einen Korb Wäsche zu falten und in den Schrank zu räumen. Es sollte sich nämlich herausstellen, dass die Hingabe im Alltag noch schwieriger war als ein besonders kühner Gehorsamsschritt. Deshalb musste ich mich noch stärker auf Gott verlassen als vorher. Aber kaum hatte ich mich an ihn gelehnt, da griff er mir auch schon unter die Arme. Und es half, wenn ich mir den Himmel vor Augen malte.

Sobald ich daran dachte, dass Gott mich sieht, musste ich nicht mehr unbedingt recht behalten. Ich war bereit, anderen zu vergeben, weil ich mich an seine überwältigende Liebe und an das Kreuz erinnerte. Und in Anbetracht der Tatsache, dass der Himmel praktisch vor der Tür steht, sollte ich mich wohl schleunigst um die Wäsche und noch ein paar andere Dinge kümmern. Schließlich wollte ich genug Zeit für all das haben, was Gott außerdem noch mit mir bezweckte.

Und während ich Tag für Tag lauter kleine Tode starb und Gott immer besser kennenlernte, konnte ich spüren, wie sich das Durcheinander in meinem Innern immer mehr entwirrte.

Allerdings sollten mir die radikalen, kühnen Schritte trotzdem nicht erspart bleiben.

In dieser Woche bekamen wir von Gott einige Antworten. Eine der deutlichsten Aufforderungen war, dass ich anfangen sollte, meine Talente zu nutzen: Es war an der Zeit, mit dem Schreiben und Lehren zu beginnen. Obwohl ich noch nicht genau wusste, wie Gott sich das vorstellte, begriff ich sofort, dass es dabei nicht um mich ging. Der Herr über das Universum wollte mich gebrauchen – aber nicht, weil ich jemand Besonderes gewesen wäre, sondern nur, weil ich bereit war, alles zu tun, was er mir auftrug. Ich hatte ein merkwürdiges Gefühl in der Magengegend und musste plötzlich an Maria, die Mutter von Jesus, denken, die zu dem Engel gesagt hatte: „Ich will mich dem Herrn ganz zur Verfügung stellen. Alles soll so geschehen, wie du es mir gesagt hast" (Lukas 1,38).

Fast mein ganzes Leben lang hatte ich gehofft, dass Gott irgendwann so deutlich zu mir reden würde wie zu Maria. Ich hatte mir unzählige Predigten angehört und Bücher gelesen, die davon handelten, wie man den Willen Gottes erkennen kann. Doch es war nur ein kurzes, aufrichtiges Gebet nötig gewesen, und schon war Gott wie aus dem Nichts aufgetaucht, als ob er all die Jahre nur darauf gewartet hätte, dass ich diese wenigen Worte aussprach. Und während ich in den nächsten Tagen diese Erfahrung verarbeitete, ließ Gott einige Bibeltexte lebendig werden, die ich zuvor schon hundertmal gelesen hatte. Er sagte zu mir:

Jennie, du hörst mich jetzt so laut und deutlich, denn: „Ich bin Jahwe, das ist mein Name; ich überlasse die Ehre, die mir gebührt, keinem anderen, meinen Ruhm nicht den Götzen" (Jesaja 42,8; EÜ). Bisher hast du nämlich genau das gewollt: dass ich die Ehre, die mir zusteht, anderen Dingen oder Menschen abtrete. Aber weißt du: „Niemand kann zwei Herren gleichzeitig dienen. Wer dem einen richtig dienen will, wird sich um die Wünsche des anderen nicht kümmern können. Er wird sich für den einen einsetzen und den anderen vernachlässigen" (Lukas 16,13).

Darum habe ich gewartet, bis es für dich nichts anderes mehr gab als mich. So wie bei Marta, die ich während meiner Zeit auf dieser Erde besucht habe. Sie hat sich um so vieles gesorgt und sich so viel Mühe gemacht, obwohl nur eines wirklich wichtig war. Maria hat sich damals für dieses eine entschieden, und das konnte ihr niemand mehr nehmen (vgl. Lukas 10,41-42). Für Maria hatte ich oberste Priorität – es gab nichts anderes, was ihr so wichtig gewesen wäre. Nichts außer mir zählte.

Als der reiche junge Mann mir nachfolgen wollte, obwohl er nicht bereit war, alles für mich aufzugeben, musste ich ihm erst klarmachen, woran sein Herz wirklich hing. Deshalb sagte ich zu ihm: „Etwas fehlt dir noch: Verkaufe alles, was du hast, und gib das Geld den Armen. Damit wirst du im Himmel einen Reichtum gewinnen, der niemals verloren geht. Und dann komm und folge mir nach" (Markus 10,21). Doch dazu war er nicht bereit. Er ist traurig weggegangen und hat sich für dieses irdische Leben entschieden. Wie du siehst, gebe ich mich nicht mit dem zweiten Platz zufrieden.

Ich habe die ganze Zeit auf dich gewartet, Jennie, und dich immer wieder gerufen. Aber ich musste warten, bis du begreifst, dass du immer noch einem anderen Herrn dienst, auch wenn du dich mir anvertrauen wolltest. Dein Herz war geteilt. Vieles andere war dir wichtiger als ich. Aber ich überlasse die Ehre, die mir gebührt, keinem Götzen. Ich musste erst dein Ein und Alles werden.

Und jetzt … werde ich noch öfter zu dir reden.

Dominosteine: » 12

Kein Zurück mehr

Nachdem wir eine Woche lang immer wieder dasselbe Gebet gesprochen und auf Gott gehört hatten, legten wir erst einmal eine Pause ein. Wir waren, um ehrlich zu sein, ziemlich erschrocken, und manches, was Gott gesagt hatte, musste erst einmal verdaut werden. Obwohl wir zunächst nur ein unklares Bild davon hatten, was dies alles im Einzelnen bedeuten würde, hatten wir doch begriffen, worauf Gott hinauswollte. Und es war keine kleine oder einfache Aufgabe, die er uns übertrug.

Irgendwann in meinem Leben hatte ich den Gedanken aufgeschnappt, dass ein Vorhaben, bei dem nicht alles ganz genau zusammenpasst oder bei dem man auch nur irgendwie ein ungutes Gefühl hat, unmöglich von Gott stammen kann. Ich meinte, dass es einfach und bequem sein müsste, ihm zu gehorchen. Falls Gott uns beispielsweise aufforderte, nach Afrika zu ziehen, würde er auch dafür sorgen, dass sich innerhalb von zwei Wochen jemand fand, der unser Haus kaufen wollte. Klappte das nicht, hatten wir uns diese Berufung wohl nur eingebildet.

Okay, ganz so drastisch hätte ich es vielleicht nicht ausgedrückt, doch im Grunde meines Herzens glaubte ich, dass eine Aufforderung nur dann von Gott stammen konnte, wenn es nicht zu schwierig und unbequem schien, sie zu befolgen.

Wie war ich bloß auf diese Idee gekommen? In der Bibel heißt es nämlich ausdrücklich, dass wir auf dieser Welt allen möglichen Schwierigkeiten gegenüberstehen werden. Jesus sagt: „Wenn ihr für mich seid, wird die Welt gegen euch sein. Solange ihr für mich nicht alles aufgeben wollt – sogar euer eigenes Leben! –, braucht ihr mir gar nicht erst nachzufolgen. Stellt euch darauf ein, dass ihr um meinetwillen verfolgt werdet, und betrachtet es als ein Vorrecht“ (vgl. Matthäus 12,30; Lukas 14,26; Matthäus 5,10).

Mein ganzes Leben lang hatte ich gedacht, die Tatsache, dass bei mir alles so einigermaßen rundlief, sei der Beweis dafür, dass Gott mit mir zufrieden war. Und nun befürchtete ich zum ersten Mal, dass genau das Gegenteil der Fall sein könnte. Was war, wenn mein Leben nur deshalb so gut funktionierte, weil Gott für mich *nicht* die Nummer eins war?

Obwohl ich von unzähligen kleinen Problemen befreit worden war und neue Hoffnung bekommen hatte, stand ich nun vor einer anderen Herausforderung: Mein Leben wurde schwieriger und das Tempo schneller. Innerlich sträubte ich mich ein wenig gegen diese Veränderung, und etwa um diese Zeit schrieb ich Folgendes:

Inneres Widerstreben

5. Mai 2009

Was ist, wenn Gott mir tatsächlich ganz klar sagt, was er von mir erwartet … und ich es nicht tun will?

Jetzt geht es echt an die Substanz. Denn wir haben Gott versprochen, dass wir alles tun werden, was er uns aufträgt … und zwar wirklich alles.

Fortgehen oder bleiben. Uns zu Wort melden oder ruhig sein. Aufstehen oder sitzen bleiben. Uns um bedürftige Kinder oder auch nur um schmutziges Geschirr kümmern. Große oder kleine Dinge, Spektakuläres oder Unscheinbares. Einfach alles.

„Um Christus allein geht es mir. Ihn will ich immer besser kennenlernen und die Kraft seiner Auferstehung erfahren, aber auch seine Leiden möchte ich mit ihm teilen und seinen Tod mit ihm sterben. Dann werde ich auch mit allen, die an Christus glauben, von den Toten auferstehen" (Philipper 3,10-11).

Ich will Christus immer besser kennenlernen … Ja! Und die Kraft seiner Auferstehung erfahren … Ja! Aber auch seine Leiden mit ihm teilen … Äh … vielleicht? Und seinen Tod mit ihm sterben … Ganz sicher nicht! (Oder könnte ich vielleicht einen richtig guten Kaffee haben, solange ich mir das noch überlege?) Dann werde ich auch mit allen, die an Christus glauben, von den Toten auferstehen … Ja, das will ich!

Bitte, hilf mir, Herr! An manchen Tagen möchte ich dir gerne gehorchen, und an anderen schrecke ich davor zurück. Vielleicht würde ich es schaffen, kleine oder große Dinge zu bewältigen, wenn du mir unter die Arme greifst …

Herr, brich meinen inneren Widerstand. Bitte.

Eine endlose Achterbahn

Wir hatten es getan: Wir hatten uns Gott ganz und gar verschrieben. Jetzt gab es kein Zurück mehr. Doch je mehr wir uns bemühten, Gott zu gehorchen, desto weniger schienen wir unser Leben im Griff zu haben.

Können Sie sich auch nur annähernd vorstellen, wie Maria sich gefühlt haben muss, nachdem der Engel ihr verkündet hatte, dass sie den Sohn Gottes zur Welt bringen würde? Dieses Erlebnis war so übernatürlich, dass es in kein Schema passte. Ihre eigenen Wünsche und Ziele waren für Maria zweitrangig, weil sie Gott von ganzem Herzen vertraute. Und im Hinblick auf die Berufung, die sie von ihm erhalten hatte, verblassten sogar die unmittelbaren Konsequenzen – nämlich das Risiko, sowohl ihren Verlobten als auch den Respekt ihrer Mitmenschen zu verlieren. Bevor Maria das alles richtig verarbeiten konnte, entschied sie sich, ihre Cousine Elisabeth zu besuchen. Und als sie dort ankam, lobte sie Gott mit einem wunderbaren Lied:

Von ganzem Herzen preise ich den Herrn.
Ich bin glücklich über Gott, meinen Retter.
Mich, die ich gering und unbedeutend bin,
hat er zu Großem berufen.
Zu allen Zeiten wird man mich glücklich preisen,
denn Gott hat große Dinge an mir getan,
er, der mächtig und heilig ist!
Die Barmherzigkeit des Herrn bleibt für immer und ewig,
sie gilt allen Menschen, die ihn ehren.
(Lukas 1,46-50)

Ohne darauf zu achten, inwieweit diese Berufung ihre eigenen Pläne beeinträchtigen könnte, hielt Maria nach Gottes allumfassendem, ewigem Plan Ausschau. Sie begriff, dass ihr ungeborenes Kind unzählige Menschen erlösen würde.

In dieser Zeit entschloss ich mich, zusammen mit einigen anderen Frauen das Leben von Maria zu studieren. Ich lud ein paar Bekannte zu mir ein, die sich genau wie ich in einem persönlichen Umbruch befanden. Bei unserem ersten Treffen konnte ich noch gar nicht richtig in Worte fassen, was mich beschäftigte. Doch es war mir wichtig, diese abenteuerliche Reise, die vor mir lag, nicht alleine anzutreten. Gemeinsam mit anderen, die sich Gott ebenfalls rückhaltlos zur Verfügung stellten, wollte ich begreifen lernen, wie Gott handelt. Und so konzentrierten wir uns auf Maria, die uns in vieler Hinsicht ein Vorbild sein kann:

Für Maria war ihre eigene Bequemlichkeit unwichtig. Sie hat nicht auf ihre Rechte gepocht. Sie hat damit gerechnet, dass sie leiden muss. Sie hat auf Gottes Führung gewartet, anstatt die Dinge selbst in die Hand zu nehmen. Sie hat sich immer wieder ihrem Ehemann untergeordnet. Sie hat sich über das gefreut, was Gott ihr geschenkt hat.

Als ich jenes radikale Gebet zum ersten Mal sprach, habe ich mich wie kurz vor der Abfahrt einer Achterbahn gefühlt. Ich habe meine Augen zusammengekniffen und die Fingernägel in meine Handflächen gekrallt. So groß war meine Angst. Deshalb würde es mich nicht wundern, wenn Gott sich damals gedacht hätte: *Vielen Dank, Jennie! Wenn du so weitermachst, wird sich vermutlich nicht so schnell wieder jemand dazu bereit erklären, mir rückhaltlos zu dienen!* Aber vielleicht – wahrscheinlich – hat er mich stattdessen voller Liebe angesehen und gedacht: *Ich freue mich, dass ihr klar geworden ist, wie sehr sie mich braucht.*

Und das stimmt! Mir ist nur zu gut bewusst, dass ich auf ihn angewiesen bin. Das war nämlich der rote Faden, der sich durch die letzten beiden Jahre gezogen hat, und es sieht nicht so aus, als ob sich künftig irgendetwas daran ändern würde. Gott hat mich an Punkte gebracht, an denen ich eigentlich vor Angst wie gelähmt hätte sein müssen, aber es geht mir trotzdem gut.

Als ich mich mit Maria beschäftigt habe, sah ich ein junges Mädchen, das ganz sicher nicht davon überzeugt war, die nötigen Fähigkeiten zu besitzen, den Sohn Gottes großzuziehen. Doch anstatt sich auf sich selbst zu konzentrieren, unterwarf sie sich Gottes ewigem Plan. Und aus dieser Perspektive gesehen, spielten ihre eigene Unzulänglichkeit und das Leiden, das vor ihr lag, eine untergeordnete Rolle. Maria staunte darüber, dass ihr einfaches, kurzes Leben ein Teil von Gottes ewiger Geschichte mit den Menschen sein durfte.

Zac hat mich einmal dazu überredet, mit ihm Achterbahn zu fahren. Als ich angeschnallt in dem kleinen Wagen saß, wusste ich, dass mir gleich vor lauter Entsetzen die Luft wegbleiben würde. (Warum tut man sich bloß so etwas an?) Doch jetzt war es zu spät – der Gurt war schon eingerastet, und ich konnte nicht mehr aussteigen. Mein Herz schlug doppelt so schnell wie sonst, und ich hatte das Gefühl, ich müsste mich gleich übergeben. Dabei brauchte ich mich nur festzuhalten und zu schreien, alles andere geschah von allein. Also hielt ich mich fest und schrie.

Viele Menschen, die mir sehr nahestehen, haben in letzter Zeit genau dasselbe getan: Sie wagten es, sich Gott restlos auszuliefern, und die meisten von uns haben sich dabei fast zu Tode gefürchtet. Um Gott zu gehorchen, mussten wir häufig mehr Glauben und Vertrauen aufbringen als jemals zuvor. Doch der Herr des Universums hat sich auch zu biblischen Zeiten nicht davon beirren lassen, dass seine Auserwählten über ihre Berufung oft wenig entzückt waren. Er beauftragte sie, ganz gleich, wie sehr sie sich dagegen sträubten. Mose, Jona und Esther hätten sich liebend gerne gedrückt, aber weil sie Gott schließlich doch gehorchten, konnte er mit ihnen die Welt verändern.

Als Zac und ich auf Gott hörten, hat er uns förmlich mit der Nase darauf gestoßen, dass ich künftig nicht nur schreiben, sondern auch Vorträge halten sollte. Und sein Plan für unsere Familie schloss tatsächlich ein fremdes Kind mit ein. Immer wieder dachten wir also über eine Adoption nach, denn das zusätzliche Bett in Conners Zimmer sollte nicht länger leer stehen als nötig. Die Überlegungen, welche

Schritte wir unternehmen sollten und was dabei alles schiefgehen könnte, jagten mir mehr Angst ein als jede Achterbahnfahrt. Darum klammerte ich mich an Gott, so fest ich konnte.

Vor einigen Tagen sagte meine Freundin Karen zu mir: „Jennie, wenn ich dich beobachte, kommt es mir so vor, als würde ich den Film *Der König von Narnia* anschauen. Und zwar die Szene, in der Lucy auf dem Löwen Aslan in die Schlacht reitet. Aslan stürmt davon, und Lucy kann nichts anderes tun, als sich bei diesem wilden Ritt an seine Mähne zu klammern, damit sie nicht herunterfällt. Als sie auf dem Schlachtfeld ankommen, sind ihre Verbündeten in Stein verwandelt worden. Daraufhin geht Aslan zu jeder einzelnen Statue hin, haucht sie an und hebt so den Zauber wieder auf. Und Lucy erlebt alles hautnah mit! Weil sie sich festgehalten hat, sitzt sie jetzt buchstäblich in der ersten Reihe!"

Lucy hat nichts anderes getan, als sich an Aslan zu klammern und ihm zu vertrauen. Und da sie nicht aufgab, konnte sie bei diesem fantastischen Abenteuer dabei sein, in dem ein Krieg gewonnen und viel Unrecht wiedergutgemacht wurde. Wir Christen sollten es genauso machen, denn der geistliche Kampf, in dem wir uns befinden, ist nicht weniger aufregend als *Die Chroniken von Narnia*. Ich für meinen Teil habe mich jedenfalls dazu entschlossen, trotz all meiner Ängste dranzubleiben, damit ich auch nicht das winzigste bisschen verpasse.

Mich fallen lassen

28. September 2010

Alle wundern sich, dass ich in letzter Zeit so ernst bin. „Du müsstest doch ganz begeistert sein, weil Gott dir so eine tolle Berufung gegeben hat", meinen sie.

Aber es ist irgendwie gar nicht so einfach, ihm zu gehorchen.

Ich habe Angst, dass ich es nicht schaffen werde, und ich sitze nicht gerne auf dem Präsentierteller. Und außerdem frage ich mich, wie sich das alles auf meine Familie und einige andere Dinge auswirken wird.

Wieso tue ich es dann trotzdem?

Was wäre, wenn all die winzigen Gehorsamsschritte lauter kleine Dominosteine wären, die zusammen mit vielen anderen ein Mosaik bilden? Und wenn diese Steine nacheinander umfallen, würde ein wunderbares Bild von Gottes Herrlichkeit sichtbar.

Könnte Gott dafür sorgen, dass die Kettenreaktion auch ohne mich weitergeht? Natürlich – schließlich ist er Gott.

Aber was wäre, wenn ich, indem ich mich im Gehorsam einfach fallen lasse, dadurch eine ganze Armee von anderen anstupsen würde? Und diese anderen würden sich Gott ebenfalls rückhaltlos zur Verfügung stellen, sodass er in dieser Generation geehrt wird?

Nur für den Fall, dass Gott mir tatsächlich solche atemberaubenden Gelegenheiten schenkt, wollen Zac und ich ihm unbedingt gehorchen – ganz gleich, was es uns kostet und wie unsicher wir uns fühlen.

Hinter mir sind schon so viele andere Dominosteine gefallen, dass ich mir an ihnen ein Beispiel nehmen kann: Als Freunde von uns ein Kind adoptiert haben, wurden wir innerlich darauf vorbereitet, diesen Schritt ebenfalls zu wagen. Und es gibt mehr Mentoren und Freunde, als ich heute erwähnen kann, die mir im Laufe meines Lebens immer wieder neue Anstöße gegeben und mich dadurch auf meine neue Aufgabe vorbereitet haben.

Jeder von uns ist ein Dominostein. Wir gehören alle dazu.

Sie auch?

Ich möchte Sie ermutigen, sich einfach fallen zu lassen. Gehorchen Sie der Stimme Gottes, damit seine Herrlichkeit in dieser Generation sichtbar wird. Keiner von uns soll einmal im Himmel feststellen müssen, dass er geschlafen und Gottes Ruf überhört hat …

Davon abgesehen, habe ich so eine Ahnung, dass die Dinge, die Gott uns zugedacht hat, das Allerbeste sind, was uns passieren könnte. Und das will ich auf keinen Fall verpassen.[9]

Bevor es in unserem Leben so richtig rundging, hatte ich begriffen, worauf es ankommt: Ich musste mich einfach festhalten und alles Weitere Gott überlassen …

Ansteckend: »13

Nicht allein unterwegs

Unser Gott ist lebendig. Er sieht die Nöte dieser Welt und liebt die Menschen mit grenzenloser Hingabe. Und da er jeden von uns ganz individuell geschaffen und ihm einen speziellen Platz zugewiesen hat, wird er auch jeden von uns auf einzigartige Weise gebrauchen. Sobald wir uns ihm restlos ausgeliefert haben, stellt Gott uns immer wieder vor Herausforderungen, die uns abenteuerlich und aufregend erscheinen. Aber die weitaus meisten Schlachten werden im Verborgenen geschlagen.

Zac und ich waren nicht die Einzigen, die sich Gott bedingungslos anvertrauen wollten – dieser Wunsch griff immer mehr um sich. Irgendwann schienen sich auch viele andere zu fragen, ob es denn eigentlich noch mehr gab als unser bequemes, selbstzufriedenes Dasein. War das tatsächlich die Stimme Gottes, die uns aufforderte, endlich aus unserer Lethargie aufzuwachen? Je mehr Leute darauf reagierten, desto mehr ließen sich davon anstecken. Und das Schöne daran war, dass Gott uns nicht etwa alle über einen Kamm scherte, sondern mit jedem Einzelnen einen ganz individuellen Weg ging.

Meine Freundin Laura, die so mutig gewesen war, sich ihren Zweifeln zu stellen, hatte ein ganzes Jahr lang mit Gott gerungen. Ihr war klar geworden, dass sie, obwohl sie sich jahrelang für ihn engagiert hatte, eine völlig falsche Vorstellung von Gott gehabt hatte. Anstatt weiterhin den Glauben anderer Leute zu übernehmen, wollte sie selbst herausfinden, ob es Gott wirklich gab. Und nach einer langen, mühevollen Suche war sie von dem imaginären Kran, der sie am Rande des Abgrunds festgehalten hatte, direkt in Gottes Arme befördert worden. Laura war vollkommen überwältigt von seiner Güte und Geduld. Die einfühlsame Art, in der Jesus mit ihr umgegangen war, weckte in ihrem Herzen eine tiefe Liebe zu ihm.

Einige Zeit später kam Laura zum Gottesdienst und hörte meinen Mann über das Thema Adoption predigen. Zac betonte, wie sehr uns Gott geliebt hat, als er uns als seine eigenen Kinder angenommen hat. Wenn uns bewusst wird, was das bedeutet, können wir diese Liebe an andere weitergeben, indem wir sie vielleicht sogar ganz praktisch in unsere eigene Familie aufnehmen. Obwohl Laura und ihr Mann ihre Familienplanung bereits abgeschlossen hatten, fühlte Laura sich angesprochen. Auf einmal spürte nicht nur sie, sondern auch ihr Mann ganz deutlich, in welche Richtung Gott sie führen wollte. Nach dem Gottesdienst erklärte sie mir: „Gott möchte, dass wir ein Kind adoptieren.“ Sie sagte das so gelassen, als ob es gar keine große Sache wäre. Der Gott, über dessen Existenz sie sich ein Jahr zuvor gar nicht mehr sicher gewesen war, stellte nun ihr ganzes Leben auf den Kopf, und Laura zuckte nicht einmal mit der Wimper.

Da Lauras Mann asiatischer Abstammung ist, schien es das Naheliegendste zu sein, ein asiatisches Baby zu adoptieren. Aber Gott hatte einen anderen Plan … und vor Kurzem bin ich mit ihnen zum Flughafen gefahren, wo die beiden ihre wunderschöne ruandische Tochter in Empfang genommen haben. Dieses Mächen ist das Tüpfelchen auf dem i, das ihrer Familie noch gefehlt hat.

Während Katie uns von Afrika aus wachrüttelte, wirkte Gott auch in unserer unmittelbaren Umgebung.

Bekah und Brandon gehören zu unseren allerbesten Freunden. Als wir uns vor einigen Jahren kennenlernten, spürte ich sofort, dass Bekah eine Frau war, der ich blind vertrauen konnte und die mir, wenn nötig, auch mal ordentlich den Kopf waschen würde. Darum fragte ich sie eines Abends, während unsere Kinder vergnügt miteinander herumtollten, ob sie nicht meine Freundin sein wollte. Zuerst dachte sie, ich wolle sie auf den Arm nehmen, weil ich mich vermutlich wie eine naive Erstklässlerin angehört hatte. Doch ich meinte es ganz ernst. Bekah sollte Einblick in die Winkel meines Herzens bekommen, die ich nicht jedem zeigte.

Zwischen Brandon und Zac hat sich eine ähnliche Freundschaft entwickelt. Bekah und Brandon haben drei Kinder und wohnen in einem Vorort von Austin, wo sie viele Kontakte zu ihren Nachbarn und zu Brandons Arbeitskollegen pflegen. Vor Kurzem machte eine Kollegin namens Andrea eine besonders schwierige Zeit durch. Sie kannte Jesus noch nicht und hatte niemanden, der sie unterstützte. Also halfen ihr unsere Freunde, wieder auf die Beine zu kommen. Sie hatten ebenfalls ein Gebet gesprochen, mit dem sie sich Gott uneingeschränkt zur Verfügung stellten. Damals schrieb Bekah uns folgende Mail:

Betreff: Mein Afrika

Liebe Freunde,

in der letzten Zeit habe ich nach einer Möglichkeit gesucht, mit meiner ganzen Familie nach Afrika zu ziehen, um Menschen, die Jesus noch nicht kennen, von ihm zu erzählen. Aber heute Abend war Afrika plötzlich ganz nah, denn ich habe den ganzen Mist, mit dem ich dauernd beschäftigt bin, einfach liegen gelassen und bin mit Andrea einen Kaffee trinken gegangen. Wir haben über Jesus geredet, und sie hat ihm tatsächlich ihr Leben anvertraut. Kaum zu glauben, aber Gott wirkt direkt vor unserer Haustür! Und Andrea ist jetzt ebenfalls sein Kind! Bestimmt kann ich heute Nacht vor lauter Freude nicht schlafen … Gott nimmt unser Leben völlig auseinander, und ich bin restlos begeistert … begeistert von Ihm!

LG Bekah

Für Christy und Brian begann die abenteuerliche Reise mit Gott, als sie ihr komfortables Zuhause in der Nähe ihrer Verwandtschaft aufgaben und nach Austin zogen. Dort haben sie gemeinsam mit Zac und mir bei der Gründung einer neuen Gemeinde geholfen. Seite an Seite haben wir unzählige Kämpfe ausgefochten und immer wieder erlebt, wie Gott eingegriffen hat. Das hat uns so fest zusammengeschweißt, dass wir jetzt schon beinahe gegenseitig unsere Gedanken lesen können. Brian arbeitet als Buchhalter, und Christy ist zu Hause und kümmert sich um ihre beiden Kinder.

Diese Zeilen stammen aus einer Mail, die sie mir geschrieben hat:

Rückblickend sehe ich, dass es einige Zeit gedauert hat, bis ich bereit war, mich Gott voll und ganz anzuvertrauen. Er hat mich wohl hauptsächlich durch tragische Ereignisse so weit gebracht, dass ich vor ihm auf die Knie gegangen bin. Und da habe ich begriffen, wozu ich hier auf dieser Erde bin: nicht, um für mich selbst zu leben, krampfhaft an meiner Familie und meinen Freunden festzuhalten und Gott nur halbherzig zu dienen. Sondern, um mich Gott hundertprozentig auszuliefern – rund um die Uhr, ganz egal, was es mich kostet. Ob mir dieser Gedanke Angst macht? Natürlich. Aber ich will darauf vertrauen, „dass ich am Leben bleibe und sehen werde, wie gut Gott zu mir ist. Vertraue auf den Herrn! Sei stark und mutig, vertraue auf den Herrn!" (Psalm 27,13-14)

Was passiert ist, als ich mich Gott ganz zur Verfügung stellte? Ich glaube, ich habe mich zum ersten Mal in meinem Leben wirklich frei gefühlt und endlich gewusst, dass mein Leben einen Sinn hat. Davor hatte ich einfach so dahingelebt, obwohl mir im Grunde klar war, dass Gott mich zu einem bestimmten Zweck geschaffen hat. Heute weiß ich, dass wir uns um Kinder kümmern sollen, die in ihrem kurzen Leben schon durch die Hölle gegangen sind. Das hat Gott uns aufs Herz gelegt. Aber dieser Auftrag fordert uns enorm viel ab, und ich muss Gott jeden Tag von Neuem meine selbst gebastelten Wünsche opfern. Für mich ist die Hingabe an Gott keine Sache, die mit einem einzigen Gebet erledigt ist. Ich muss mir jeden Tag in Erinnerung rufen, wozu ich auf dieser Erde bin. Manchmal sogar jede Stunde.

Christy

Vor Kurzem haben sich Christy und Brian von ihrem ersten Pflegekind verabschiedet. Es war eine der herzzerreißendsten Szenen, die ich je miterlebt habe. Ihre Kinder ließen sich kaum trösten, weil ihnen dieses neue Familienmitglied so sehr ans Herz gewachsen war. Aber Christy sagte: „Dass es so wehtut, ist ein Beweis dafür, dass wir uns ganz hergegeben haben." Sie hat diesen Schmerz also ganz bewusst in Kauf genommen.

Überall um uns herum waren Leute bereit, buchstäblich alles zu tun, was Gott ihnen auftrug. Etwa um diese Zeit wurden in den USA die Auswirkungen der Wirtschaftskrise spürbar, und viele Mitglieder unserer Gemeinde verloren von heute auf morgen ihren Job. Da wurde ein Ehepaar bei seinem persönlichen Bibelstudium auf folgenden Text aufmerksam: „Keinem in der Gemeinde fehlte etwas; denn wer Häuser oder Äcker besaß, verkaufte seinen Besitz und übergab das Geld den Aposteln. Die verteilten es an die Bedürftigen“ (Apostelgeschichte 4,34-35). Nachdem sie diese Verse gelesen hatten, verkauften sie einige Aktien und spendeten das Geld anonym. Die Verantwortlichen der Gemeinde leiteten es an Familien weiter, die in Not waren, sodass mit dem Geld Hypothekenraten, Stromrechnungen und Lebensmittel bezahlt werden konnten.

Eine ganz neue Perspektive drängte sich in unser Bewusstsein und veränderte schließlich sogar unsere innersten Beweggründe. Ob wir von anderen Menschen wahrgenommen oder womöglich sogar bewundert wurden, war uns plötzlich nicht mehr so wichtig. Wir hatten erkannt, dass unser Wert nicht von unserer Leistung abhängig ist. Inzwischen wollen wir uns nicht mehr selbst darstellen, sondern uns genau so für andere Menschen einsetzen, wie Gott es für uns tut.

Anstatt uns vorzunehmen, irgendwelche spektakulären Dinge zu tun, haben wir uns auf eine einzige Person konzentriert: Jesus Christus. Aus unserer Liebe zu ihm kam die Bereitschaft, ihm zu vertrauen und ihm die Kontrolle über unser Leben zu übergeben. Und da Jesus gnädig und barmherzig ist, hat er jeden Einzelnen von uns an einen Platz geführt, der genau auf ihn zugeschnitten ist.

Als Folge davon wurden Hunderte von Kindern betreut, viele adoptiert oder in Pflege genommen. Bekannte von uns sind in eine einkommensschwache Gegend gezogen, um dort das Evangelium zu verbreiten, während andere sich finanziell eingeschränkt haben, um mehr spenden zu können. Zerstrittene Familienmitglieder haben sich wieder versöhnt, und innerhalb unserer Gemeinde sind mehr Leute bereit, einander zu vergeben und sich um Einigkeit zu bemühen. Viele wollen dem Beispiel von Jesus folgen und sich liebevoll um andere kümmern.

Geführt vom Heiligen Geist

Bevor Jesus nach seiner Auferstehung zum Vater zurückkehrte, versprach er den Jüngern, dass er ihnen den Heiligen Geist senden würde. Er sagte in anderen Worten: „Rührt euch solange aber nicht vom Fleck, und werdet erst aktiv, wenn der Heilige Geist da ist" (vgl. Apostelgeschichte 1,4-5).

Also haben sie gewartet und nicht etwa versucht, aus eigener Kraft die Welt zu verändern. Und dann kam der Heilige Geist mit solcher Macht, dass alle plötzlich hellwach wurden. Die Jünger, die vorher so ängstlich, verwirrt und unzuverlässig gewesen waren, wussten mit einem Mal genau, *was* sie tun und *wie* sie es anpacken sollten.

Obwohl sie ganz durchschnittliche Leute waren, verlieh der Heilige Geist ihnen außergewöhnliche Kraft und Zuversicht. Dass der Lauf der Geschichte von einer Handvoll Jünger verändert und die weltweite christliche Kirche von ein paar ungebildeten Fischern gegründet wurde, lässt sich nur so erklären: Gott selbst hat durch den Heiligen Geist in ihnen gelebt.

Auch wir bekommen den Heiligen Geist in dem Moment, in dem wir unser Vertrauen auf Jesus Christus setzen, doch wir nehmen seine Hilfe nur selten in Anspruch. Dabei möchte der Heilige Geist uns in so vieler Hinsicht unterstützen: Er möchte uns lehren, führen und sogar für uns beten. Er bestätigt uns, dass wir zu Gott gehören, und rüstet uns mit allem aus, was wir brauchen, um unseren persönlichen Auftrag zu erfüllen. Die Bibel nennt uns einige Beispiele:

Der Heilige Geist befahl mir, ohne Bedenken mit diesen Männern zu gehen (Apostelgeschichte 11,12).

Da sprach der Heilige Geist zu Philippus: „Geh zu diesem Wagen, und bleib in seiner Nähe" (Apostelgeschichte 8,29).

Der Heilige Geist, den euch der Vater an meiner Stelle als Helfer senden wird, er wird euch an all das erinnern, was ich euch gesagt habe, und euch meine Worte erklären (Johannes 14,26).

Der Heilige Geist wird euch zur rechten Zeit das rechte Wort geben (Lukas 12,12).

Wenn ich solche Aussagen lese, fühle ich mich ein wenig unbehaglich, weil sie unserem menschlichen Pragmatismus widersprechen. In der konservativen Gemeinde, in der ich aufgewachsen bin, schien man den Begriff „Heiliger Geist“ mit irgendetwas Unkontrollierbarem gleichzusetzen, das sich nicht mit der Wahrheit der Bibel vereinbaren ließ. Aber der Heilige Geist *ist* die Wahrheit, deshalb sollte er uns beim Bibellesen eigentlich andauernd ins Auge springen. Solange uns jedoch nicht bewusst ist, dass wir uns in einem geistlichen Krieg befinden, in dem unsichtbare Wesen bestimmte Ziele verfolgen, brauchen wir auch keinen unsichtbaren geistlichen Mentor. Die Lehre vom Heiligen Geist ergibt nur dann einen Sinn, wenn all das ebenfalls stimmt.

Früher habe ich gedacht, der christliche Glaube bestünde aus einer langen Liste von Regeln und Prinzipien. Dabei geht es im Grunde um die Beziehung zu Jesus, von der ich in meiner Kindheit und Jugend so viel gehört habe: Gott wohnt in mir, und ich wende mich in jeder Situation an ihn: wenn ich fast die Beherrschung verliere, weil mein neunjähriges Kind mir eine freche Antwort gibt; wenn ich nicht weiß, wie und wo ich meine Gaben und Talente einsetzen soll; wenn ich nach Worten suche, um dieses Buch zu schreiben, und wenn ich mit den Konsequenzen unserer Gehorsamsschritte nicht zurechtkomme.

Ohne die Führung des Heiligen Geistes werden wir, nachdem wir dieses radikale Gebet gesprochen haben, trotzdem noch unsere eigenen Pläne verfolgen. Und auch wenn diese Pläne gut gemeint sind, so werden sie doch im Sande verlaufen. Irgendwann werden wir wehmütig auf diese Phase zurückblicken und uns wünschen, dieses dramatische geistliche Experiment hätte unser Leben tatsächlich langfristig verändert. Aber vieles, was wichtig ist, braucht seine Zeit.

Obwohl Zac und ich uns an einem bestimmen Punkt dazu entschlossen haben, uns Gott ganz auszuliefern, hat sich erst im Laufe von mehreren Monaten und sogar Jahren herausgestellt, wie das ganz praktisch aussehen würde. Und ich nehme an, dass sich diese Entwicklung bis zum Ende unseres Lebens fortsetzen wird: Wenn wir bereit sind, alles zu tun, was Gott will, hat er bestimmt noch weitere Abenteuer für uns auf Lager.

Der Heilige Geist lebt in all denen, die sich Jesus Christus unterstellt haben. Wir warten darauf, dass er handelt und uns mitteilt, was wir als Nächstes tun sollen. Doch das ist leichter gesagt als getan …

Der Ruf nach Hause

Auf dem Weg zu einer Besprechung in Nashville schaute ich noch schnell in einem meiner Lieblingsgeschäfte vorbei, weil ich hoffte, dass ich Brooke dort antreffen würde. Brooke war noch nicht lange verheiratet; sie und ihr Mann Mark gehörten zu unserem Hauskreis. Während Mark sein Studium beendete, leitete Brooke eine Modeboutique.

Sie wollte gerade die Kassenschublade zumachen, da überraschte ich sie mit einer Umarmung. Als ich mich erkundigte, wie es ihr ging, stiegen ihr Tränen in die Augen. Schnell zog sie mich in eine ruhige Ecke und erzählte mir, wie der Besuch bei ihrer Mutter verlaufen war. Vor ein paar Jahren war festgestellt worden, dass Brookes Mutter unter Multipler Sklerose litt, und die einzelnen Schübe dieser Krankheit kamen in sehr kurzen Abständen. Obwohl die Kranke sich nie beklagte und ihr Schicksal offenbar ganz gut bewältigte, spürte Brooke deutlich, dass sie gebraucht wurde. Ihre Mutter benötigte ihre Hilfe.

Während Brooke in der Stadt, in der sie aufgewachsen war, einige Besorgungen für sie erledigte, wirkte der Heilige Geist an ihrem Herzen. Denn Brooke und Mark hatten sich ebenfalls dazu verpflichtet, alles zu tun, was Gott ihnen auftragen würde.

Weinend erklärte sie mir: „Jennie, ich glaube, Gott ruft mich zurück nach Hause. Ich hatte mir so sehr gewünscht, dass Gott uns nach Afrika schicken würde oder dass er uns sagen würde, wir sollen uns um Waisenkinder kümmern. Aber er will, dass wir zu meiner Mutter gehen."

Wenn wir uns von Gott gebrauchen lassen, sind wir wie ausgeschüttetes Wasser, das bis in die hintersten Ritzen fließt – in unsere Nachbarschaft, unsere Familie, zu Freunden oder Außenstehenden. Wir sollen die leeren Ritzen und Spalten in unserer Nähe füllen und manchmal auch solche, die weiter entfernt sind. Wo Gott uns haben will, lassen wir uns von ihm ausgießen – ganz gleich, ob dieser Platz unseren Erwartungen entspricht oder nicht.

In letzter Zeit konnten wir beobachten, wie viele passive Christen sich in leidenschaftliche Missionare verwandelt haben, ohne ihre Adresse oder ihren Beruf zu ändern. Für manche war es richtig, an einen anderen Ort zu ziehen oder ihren Beruf aufzugeben, während andere auf die Not vor ihrer eigenen Haustür aufmerksam wurden.

Gott dienen

Oswald Chambers beschreibt ganz hervorragend, wie Gott jeden Einzelnen von uns anspricht:

> *Der Ruf Gottes spiegelt nicht meinen Charakter wider. Meine eigenen Wünsche und mein Temperament spielen dabei keine Rolle. Solange ich auf meine Stärken fixiert bin und überlege, wozu ich mich eigne, werde ich Gottes Ruf nicht vernehmen.*

Doch wenn Gott mich in die richtige Beziehung zu ihm bringt, werde ich so sein wie Jesaja: Er war nach einer großen Krise so sehr auf Gott eingestimmt, dass Gottes Ruf ihn völlig durchdrang.

Die meisten von uns können nur sich selbst hören und kein Wort von dem, was Gott sagt. Um an den Punkt zu gelangen, wo wir den Ruf Gottes vernehmen können, müssen wir von Grund auf verändert werden.[10]

Das heißt, dass wir erst dann bereit sein werden, uns dem mächtigen Herrn des Universums auszuliefern, wenn wir ihn wirklich kennengelernt haben.

Oswald Chambers fährt fort:

Aus einem Leben voller Liebe und Hingabe strömt ganz automatisch die Bereitschaft zu dienen … Das Dienen ist mein Beitrag zur Beziehung und spiegelt wider, wie sehr ich mich mit Gottes Charakter identifiziere. Irgendwann gehört das Dienen ganz natürlich zu meinem Leben. Gott zieht mich so nah zu sich, dass ich seinen Ruf hören kann. Und dann diene ich ihm freiwillig, weil ich ihn so sehr liebe. Gott zu dienen, ist die bewusste Reaktion eines Menschen, der seinen Ruf vernommen hat. Im Dienen kommt meine menschliche Natur zum Ausdruck, während Gottes Ruf seine göttliche Natur widerspiegelt. Wenn ich also seinen Ruf höre und Anteil an seinem göttlichen Wesen erhalte, wird seine Stimme in mir alles andere übertönen. Sein Wesen wird mit meinem verschmelzen, und daraus folgt der Dienst. Der Sohn Gottes offenbart sich in mir, und aus Hingabe zu ihm mache ich das Dienen zu meinem Lebensstil.[11]

Zac und ich können uns Gott nur deshalb restlos ausliefern, weil er absolut vertrauenswürdig ist. Er ist unsere oberste Priorität, und darum darf er frei über uns verfügen. Anstatt selbst zu entscheiden, welchen Weg wir gehen, folgen wir der Führung des Heiligen Geistes, weil Gott schon vor Grundlegung der Welt einen Weg für uns gebahnt hat. Sogar die guten Werke, die wir tun sollen, hat er schon für uns vorbereitet (vgl. Epheser 2,10). Diese Berufung übertrifft alles, was wir uns je erträumen könnten.

Unsere Freunde und Bekannten, die sich Gott uneingeschränkt zur Verfügung gestellt haben, erlebten genau dasselbe Wunder wie wir – nämlich, dass er sie von vielem befreite, was sie jahrelang belastet hatte. Je mehr Raum Gott in ihrem Leben einnahm, desto kleiner wurden ihre Probleme.

Gemeinsam verfolgten wir ein neues Ziel und ließen frühere Neigungen und Wünsche hinter uns zurück. Und es ist unglaublich spannend, zusammen mit anderen, die dieselbe Vision haben, auf den Himmel zuzurennen.

Teil 3: alles!

» Jetzt geht's ans Eingemachte!

Jesus' alles

In der Bibel finden wir ein Gebet, das uns einen ganz besonderen Einblick in das Herz unseres Erlösers schenkt. Wir dürfen nämlich mit anhören, was Jesus in der Nacht, bevor er getötet wird, mit seinem Vater bespricht. Den Tod vor Augen, offenbart Jesus, was ihm in seinem Leben auf der Erde am wichtigsten gewesen ist – wofür er gelebt hat und wofür auch wir leben sollen.

In anderen Worten, als wir sie vielleicht gebrauchen würden, hat Jesus sich seinem Vater uneingeschränkt zur Verfügung gestellt. Und zwar nicht nur in der Nacht vor seinem Tod, sondern auch schon unzählige Male davor. Kurz vor dem größten Ereignis der Menschheitsgeschichte nimmt Jesus uns mit in seine Beziehung zum Vater hinein.

Einige Ausschnitte aus diesem einzigartigen Gebet habe ich hier aufgeführt. Achten Sie genau darauf, was Jesus sagte, bevor er sich für uns geopfert hat:

> *Vater, die Zeit ist gekommen! Lass jetzt die Herrlichkeit deines Sohnes erkennbar werden, damit dein Sohn deine Herrlichkeit sichtbar macht … Ich habe hier auf der Erde den Menschen*

gezeigt, wie herrlich du bist. Ich habe deinen Auftrag erfüllt … An ihnen (den Menschen, die du mir anvertraut hast und die zu dir gehören) zeigt sich meine Herrlichkeit … Dies alles wollte ich noch sagen, solange ich bei ihnen bin, damit meine Freude auch sie ganz erfüllt. Ich habe ihnen deine Botschaft weitergegeben, und die Welt hasst sie deswegen, weil sie ebenso wie ich nicht zu ihr gehören. Ich bitte dich nicht, sie aus der Welt zu nehmen, aber schütze sie vor der Macht des Bösen … Wie du mich in die Welt gesandt hast, so sende ich sie in die Welt … Vater, ich möchte, dass alle, die du mir gegeben hast, bei mir bleiben. Sie sollen an meiner Herrlichkeit teilhaben.[1]

Gottes Herrlichkeit: » 14

Der Sinn des Lebens

Letzte Woche fragte ich meine Tochter Caroline, was sie sich zu ihrem sechsten Geburtstag wünsche. Ich hatte damit gerechnet, dass sie mir auf Anhieb ein paar Dinge nennen würde. Stattdessen verschwand sie in ihrem Zimmer, wo sie mit der tatkräftigen Unterstützung ihres großen Bruders, der schon etwas besser schreiben kann als sie, folgende Liste anfertigte:

Carolines Wunschzettel für ihren 6. Geburtstag:

- *ein iPod (den hat sie allerdings nicht bekommen)*
- *eine hölzerne Schlange, die sich bewegen kann (keine Ahnung, was das ist)*
- *eine richtige Handtasche*
- *ein Geldbeutel*
- *Leapster-Spiele*
- *ein Plüschtier*
- *ein Fotoapparat, aber ein echter*

- *das Dance-Revolution-Videospiel (dieser Wunsch kommt bestimmt von ihrem Bruder)*
- *eine Sonnenbrille*
- *ein Hund (den hat sie leider auch nicht bekommen)*

Es dauerte keine fünf Minuten, bis sie mit dieser Liste anrückte. Sie hatte nur darauf gewartet, dass ich sie fragte. Wir erfüllten ungefähr die Hälfte ihrer Wünsche – die realistischen und nicht ganz so kostspieligen. Aber es beeindruckte mich, wie genau meine Tochter wusste, was sie wollte – mit ein wenig Hilfe ihres Bruders.

Und was ist mein größter Wunsch?

Es gibt so vieles, was ich mir wünsche. Zunächst ein paar ganz banale Dinge: Mein Auto müsste unbedingt mal wieder gewaschen werden, und ich hätte gerne ein neues iPhone (meins ist mir kürzlich in die Badewanne gefallen). Es wäre schön, mal wieder mit Zac auszugehen oder einen ganzen Abend lang meine Lieblingsfernsehserie anzuschauen. Natürlich wünsche ich mir auch einige Dinge, die noch viel wichtiger sind: dass ich gute Freundschaften pflegen kann, dass ich ein Vorbild für meine Kinder sein kann und dass meine Worte möglichst oft ins Schwarze treffen. Aber was wünsche ich mir am meisten? Wonach sehne ich mich im tiefsten Grunde meines Herzens? Obwohl ich es nicht genau benennen kann, glaube ich, dass mein tiefstes Verlangen ausschließlich um meine eigene Person kreist: wichtig zu sein und wertgeschätzt. Irgend so etwas.

Was wünscht sich Gott eigentlich am meisten?

Die Antwort auf diese Frage habe ich von klein auf gewusst, ohne dass ich jemals begriffen hätte, was sie bedeutet. Zumindest war mir nie klar, was das für mein eigenes Leben heißt: Gott möchte, dass seine Herrlichkeit sichtbar wird.

Das Wort „Herrlichkeit" ist uns wenig geläufig und ziemlich abstrakt. John Piper definiert die Herrlichkeit Gottes so, dass Gott sich uns in seiner ganzen Heiligkeit zeigt.[2] Wir können sehen, spüren und schmecken, wie er wirklich ist, und sind davon so überwältigt, dass wir vor ihm niederfallen.

Gottes Herrlichkeit beweist uns, dass es ihn gibt … so wie an jenem schicksalhaften Abend, als er mir auf dem kalten Badezimmerboden begegnete. Nachdem ich einen Abglanz seines Wesens entdeckt hatte, konnte ich unmöglich so bleiben, wie ich war. Denn ich sehnte mich mit jeder Faser meines Herzens danach, diesem einzigartigen, unbeschreiblichen Gott näher zu kommen. Nichts anderes zählte mehr, weil ich Gott in seiner Größe und Allmacht gesehen hatte. Doch warum sind mir ausgerechnet durch Katies Blog die Augen aufgegangen? Wie kam es, dass mich diese Worte, die auf dem Bildschirm eines Laptops standen, mitten ins Herz getroffen haben?

Vater, die Zeit ist gekommen! Lass jetzt die Herrlichkeit deines Sohnes erkennbar werden, damit dein Sohn deine Herrlichkeit sichtbar macht … Ich habe hier auf der Erde den Menschen gezeigt, wie herrlich du bist. Ich habe deinen Auftrag erfüllt … An ihnen zeigt sich meine Herrlichkeit.

Als Jesus in dem Wissen, dass er bald sterben würde, mit seinem Vater sprach, kam ein bestimmtes Wort immer wieder über seine Lippen: Herrlichkeit. Jesus betete, dass Gottes Herrlichkeit sichtbar würde. Das war sein allergrößter Wunsch. Sein ganzes Leben lang hatte er dieses Ziel angestrebt, und kurz vor seinem Tod wurde deutlich, dass es für ihn nichts Wichtigeres gibt als die Offenbarung von Gottes Herrlichkeit – durch ihn und durch uns.

Sogar während ich diese Worte schreibe, frage ich mich, wie ernst es mir wirklich damit ist. Sobald es nämlich darum geht, Gott zu gehorchen, denke ich sofort: *Wie unbequem wird das sein?* Obwohl ich gar nicht so denken will, bin ich, auf mich allein gestellt, ein ziemlich selbstsüchtiger Mensch. Anstatt an diesem Manuskript zu arbeiten und über Gottes Herrlichkeit nachzudenken, würde ich heute lieber shoppen gehen, im Internet surfen oder ein Nickerchen machen.

An diesem Tag – wie an vielen anderen Tagen auch – habe ich nämlich vieles nicht mehr so deutlich in Erinnerung. Ich weiß nicht mehr genau, was für ein Gefühl es war, als ich Gott begegnet bin. Die Momente, in denen ich ihn gesehen und gespürt habe und wirklich alles für ihn tun wollte, sind irgendwie verblasst. Ich vergesse, wie oft er durch einen Bibeltext zu mir spricht, der eigentlich nur für mich geschrieben worden sein kann. Oder was für eine Begeisterung mich überfällt, wenn ich beim Autofahren mit heruntergekurbelter Scheibe Lobpreislieder singe. Wie ich mich freue, wenn meine neunjährige Tochter beim gemeinsamen Frühstück erkennt, was Vergebung bedeutet. Gottes Herrlichkeit ist mir, ohne dass ich es gemerkt habe, irgendwie entfallen.

Und so geht es mir immer wieder. Ich vergesse, dass Gott real ist und dass es nichts Wichtigeres gibt als ihn … bis ich irgendwo wieder eine Spur von ihm entdecke, die mich wachrüttelt.

Was wäre, wenn unser größter Wunsch tatsächlich mit dem übereinstimmen würde, was Gott am Herzen liegt? Wenn uns, so wie Jesus, nichts wichtiger wäre, als dass sich seine Herrlichkeit zeigt? Könnte es nicht zu meiner tiefsten Motivation werden, dass ich in der kurzen Zeit, die ich auf dieser Erde verbringe, den allmächtigen Gott bekannt mache?

Jesus betet für uns

Als Jesus kurz vor seinem Tod mit dem Vater redete, hat er nicht nur für sich selbst, sondern auch für seine Jünger und für uns gebetet. Er sagte: „Sie gehören ebenso wenig zur Welt wie ich … Wie du mich in die Welt gesandt hast, so sende ich sie in die Welt“ (Johannes 17,16.18).

Als Jesus dieses Gebet sprach, herrschte um ihn herum bestimmt atemlose Stille. Hinter den Kulissen wurden schon die Vorbereitungen für seine Hinrichtung getroffen, und Jesus hatte den Jüngern gerade angekündigt, dass er sie verlassen würde. Nachdem er ihnen erklärt hatte, dass sie von der Welt ebenso gehasst werden würden wie er selbst, bat er den Vater, seine Herrlichkeit nicht nur durch ihn, sondern auch durch die Jünger sichtbar werden zu lassen.

Wahrscheinlich waren sich alle Anwesenden darüber im Klaren, was für einen gewaltigen Auftrag Jesus ihnen gerade gegeben hatte: Sie sollten dazu beitragen, dass sich auf dieser Erde Gottes Größe und Schönheit zeigt. Obwohl dieser Auftrag einen hohen Preis von ihnen forderte, erklärten sich mehrere Männer dazu bereit, Gott zu gehorchen. Und die meisten von ihnen wurden später um dieser hohen Berufung willen getötet.

Jesus betete weiter: „Ich bitte aber nicht nur für sie, sondern für alle, die durch ihre Worte von mir hören werden und an mich glauben" (Johannes 17,20). Und er sagte auch: „Ich verlasse jetzt die Welt und komme zu dir. Sie aber bleiben zurück" (Johannes 17,11).

Das heißt, dass wir jetzt an der Reihe sind! Die Jünger sind längst nicht mehr da, deshalb hängt es jetzt von uns ab, inwieweit Gottes Herrlichkeit auf dieser Welt zu sehen ist.

Es lohnt sich

Jessie gehört zu den Leuten, die man auf Anhieb sympathisch findet. Sie ist so aufrichtig und umkompliziert, dass ich mich jedes Mal freue, wenn wir zusammen sind. Auf Anregung eines Arbeitskollegen hin war sie – zusammen mit ein paar Freunden – zu unserem Bibelkreis gestoßen. Davor hatten diese jungen Leute einen großen Bogen um die Kirche gemacht, weil die Engstirnigkeit vieler Christen sie abgeschreckt hatte. Insgeheim hatten sie aber gehofft, dass es einen Gott gibt, und nun saßen sie regelmäßig in unserem Wohnzimmer, um mehr über Jesus Christus zu erfahren. Sie entdeckten, dass Gottes Größe all ihre Erwartungen übertraf, und bombardierten uns mit Fragen wie: „Ist die Bibel gar nicht chronologisch geordnet?", „Wer ist eigentlich der Heilige Geist?" oder: „Wie ist Gott entstanden?" Sie glichen kleinen Kindern, die ein Geschenk auspacken, und konnten die Antworten auf ihre Fragen gar nicht schnell genug notieren.

In ihren Herzen war die Sehnsucht erwacht, den Herrn des Universums besser kennenzulernen – diesen Gott, der all ihre bisherigen Vorstellungen von ihm über den Haufen warf und keineswegs verlangte, dass sie immer alles richtig machten. Von diesem Gott waren sie vollkommen überwältigt.

Eines Abends fragte Jessie, ob sie noch ein bisschen länger bleiben dürfe. An ihren Augen konnte ich sehen, dass sie sich mit irgendeinem Problem herumschlug. Als wir schließlich nur noch zu dritt waren, erzählte sie Zac und mir, dass ihr Freund sie gebeten hatte, mit ihm zusammenzuziehen. Sobald sie es sich leisten konnten, wollten sie heiraten, und sogar ihre Eltern meinten, es sei ganz okay, wenn sie erst einmal ausprobierten, ob sie wirklich zusammenpassten. Dieser Meinung war sie selbst auch gewesen – bis sie Jesus begegnet war. Und nun hatte sie plötzlich Zweifel bekommen.

Zac und ich staunten darüber, dass Jessie, die noch gar nicht so lange zu Jesus gehörte, schon so deutlich spürte, dass er in ihr lebte und zu ihr redete. Da wir das Thema „Sex vor der Ehe" in unserer großen Gesprächsrunde nur am Rande gestreift hatten, ließen sich ihre Zweifel nur durch das Wirken des Heiligen Geistes erklären. Gott stellte sie offensichtlich vor eine Entscheidung.

Wollte sie sich ihm wirklich zu hundert Prozent anvertrauen? Lohnte sich das?

Wenn sie dazu bereit war, würde die Aussprache mit ihrem Freund die größte Herausforderung darstellen, die sie je hatte bewältigen müssen.

Als Jessie sich an diesem Abend verabschiedete, hatte sie folgenden

Entschluss gefasst: Sie wollte ihrem Freund nicht nur sagen, dass sie nicht mit ihm zusammenziehen würde, sondern auch, dass sie nicht mehr mit ihm schlafen wollte, bevor sie verheiratet waren. Ohne ihr zu sagen, was sie tun sollte, hatten Zac und ich staunend verfolgt, wie der Heilige Geist ihr den Weg gezeigt hatte, auf dem sie sich Gott hundertprozentig ausliefern konnte.

Nachdem wir für sie gebetet hatten, ging sie bedrückt nach Hause. Trotzdem ließ sie sich nicht von praktischen Erwägungen oder der Meinung ihrer Mitmenschen leiten. Jessie war bereit, für einen Gott, der ihr vor ein paar Monaten noch nicht einmal in den Sinn gekommen wäre, alles auf eine Karte zu setzen.

■ ■ ■

Jesus hat gesagt: „Sie gehören ebenso wenig zur Welt wie ich" (Johannes 17,16). Aber genau in dieser Welt wache ich jeden Morgen auf. Dort warten eine Menge schmutziges Geschirr, zwei Autos, die Benzin brauchen, ein Rasen, der dringend gemäht werden muss, ein Stapel Rechnungen und vier Kinder, die dauernd Hunger haben. Jeder von uns findet sich morgens in einer Welt wieder, die alle möglichen Ansprüche an ihn stellt. Und jeder muss seinen Pflichten nachgehen, die vermutlich auch davon abhängen, ob der Boden, auf den er seine Füße stellt, aus Teppich, Holz oder festgetretenem Lehm besteht.

Doch ganz gleich, wie unsere Lebensumstände aussehen: Wir unterwerfen uns jeden Morgen von Neuem den Erwartungen und Regeln unserer Umgebung. An dem Ort, an dem ich aufgewachsen bin, hieß das, dass man möglichst in der Nähe seiner Verwandtschaft wohnen sollte – natürlich in einem Haus mit hübschen Vorhängen und einem ordentlichen Gartenzaun. Das Leben durfte nicht allzu hart sein, insbesondere, wenn man an Jesus Christus glaubte.

Dabei hat Jesus zu mir und zu allen anderen, die ihm vertrauen, gesagt:

Du gehörst nicht zu dieser Welt, Jennie, denn sie ist nicht dein eigentliches Zuhause. Obwohl du jeden Morgen hier aufwachst und deine Füße auf den Boden stellst, gehörst du nicht hierher. Du richtest dich nicht nach menschlichen Maßstäben, sondern hoffst auf etwas, das außerhalb dieser Welt liegt. Weil du mich kennst und mir gehörst, wirst du für immer bei mir zu Hause sein. Du bist bereit, dieses kurze Leben auf der Erde für meine Zwecke einzusetzen, auch wenn es dich einiges kosten wird. Denn dir ist bewusst, wie kurz diese Zeitspanne ist.

Ich vergesse immer wieder, dass unser Leben wie im Flug vergeht. Und darum verliere ich mich in banalen, alltäglichen Dingen und nehme sie viel zu wichtig. Erst kürzlich bin ich auf einen Tweet von Tyler Merrick gestoßen, der „Project 7" gegründet hat. Das Unternehmen unterstützt bedürftige Menschen auf der ganzen Welt. Tyler schrieb: „Wenn unser Leben nur eine vorübergehende Phase darstellt, warum sollten wir dann so ängstlich nach Sicherheit streben und uns vor jeder Schramme schützen wollen?"[3]

Unser Leben verändert sich, wenn wir uns bewusst machen, wie kurz es ist.

Einen Tag nachdem Jessie sich in unserem Wohnzimmer dazu entschlossen hatte, ihrem Freund zu sagen, dass sie nicht mit ihm zusammenziehen würde, bekam ich eine lange Mail von ihr. Ich befürchtete, dass ihre Beziehung diesen Härtetest nicht überstehen würde, weil ihr Freund bestimmt kein Verständnis dafür haben würde. Insgeheim fand ich, dass Gott ein bisschen vorschnell gewesen war, als er ihr so viel zugemutet hatte. Immerhin war Jessie noch gar nicht so lange sein Kind, und sie beide mussten sich, um es mit den Worten meiner Tochter Kate zu sagen, erst einmal richtig kennenlernen. Aber Gott hatte sie gleichwohl gefragt, ob sie es um seinetwillen in Kauf nehmen würde, von dem Menschen, der ihr auf dieser Welt am wichtigsten war, verlassen zu werden.

Wir gehorchen Gott nicht nur, weil er der Herrscher des Universums und damit auch unser Chef ist. Sondern auch, weil die Geschichten, die er in unserem Leben schreibt, viel schöner sind, als wir uns jemals vorstellen könnten. In Jessies Mail stand:

> *Ich war furchtbar nervös gestern Abend, aber schließlich bin ich doch mit der Sprache rausgerückt und habe Matt gesagt, worüber wir gesprochen haben und was ich für richtig halte. Matt hat ganz ruhig zugehört, und dann hat er mir erzählt, dass Gott auch zu ihm geredet hat. Er ist ebenfalls der Meinung, dass wir keinen Sex mehr haben sollten, bis wir verheiratet sind, aber er hat sich nicht getraut, mir das zu sagen.*

Beide waren sich einig, den Weg zu gehen, den Gott ihnen gezeigt hatte. Und in den folgenden Monaten sah ich sie glücklich und zufrieden nebeneinander in der Kirche sitzen. Gott war für sie zu einer ganz konkreten Realität geworden, und sie entdeckten, dass es zwar nicht leicht, aber unendlich erfüllend war, ihm zu folgen. Falls Jessie es nicht gewagt hätte, ihrem neuen Herrn zu vertrauen, hätten die beiden unglaublich viel verpasst.

Wenn wir uns Gott restlos ausliefern, stehen wir, genau wie Jesus selbst, vor der Herausforderung, unser Leben und alles, was wir lieben, aufzugeben. Wir sind dazu aufgerufen, es aufs Spiel zu setzen, damit Gottes Herrlichkeit sichtbar wird. Jesus hat nie versprochen, dass wir es immer bequem haben und uns überall sicher fühlen werden. Denn die Nachfolge ist schon immer ein äußerst riskantes, kompromissloses Unternehmen gewesen. Gottes Herrlichkeit wird sich auf jeden Fall zeigen – ob wir uns dafür einsetzen oder nicht. Aber ist es nicht ein fantastisches Vorrecht, dass wir daran beteiligt sein dürfen?

Sprung ins Ungewisse: » 15
Zweifel überwinden

Inzwischen schienen sich die Ereignise förmlich zu überschlagen – so als ob wir, während wir mit unseren Ängsten und Unsicherheiten kämpften, bis zum höchsten Punkt einer Achterbahn hinaufgezogen worden wären und uns jetzt im freien Fall befänden.

In der Nacht vor meinem zweiunddreißigsten Geburtstag weckte Gott mich mitten in der Nacht auf. Ich hatte schon begriffen, dass ich meine Gaben und Talente für ihn einsetzen sollte. Aber ich war davon ausgegangen, dass ich diesen Auftrag innerhalb unserer Gemeinde und in meinem persönlichen Umfeld erfüllen konnte. Darum hatte ich ein Bibelstudienheft verfasst. Es spiegelte meine eigenen inneren Kämpfe, aber auch die Freiheit wider, die ich erlebt hatte, als Gott mir endgültig das Ruder aus der Hand genommen hatte. Während wir uns in kleinen Gruppen mit der Bibel beschäftigten, wurde uns immer mehr bewusst, wie Jesus mit solchen unsichtbaren Gegnern wie Angst, Groll oder Unzufriedenheit umgehen will.

Sobald ich aufstand, um über dieses Thema zu sprechen, war ich allerdings selbst das beste Anschauungsmaterial. Ich hatte nämlich größte Mühe, meine Furcht vor den Blicken und der Kritik anderer

Leute zu überwinden. Dabei ließ es sich nicht leugnen, dass Gott diesen Dienst segnete: Immer mehr Menschen wurden innerlich frei, weil sie sich Gott bedingungslos auslieferten. Die einen hinterfragten ihr passives Christsein, andere fanden zum allerersten Mal zu Jesus. Das Schöne daran war, dass Gott dieses Bibelstudium nicht nur gebrauchte, um unser Wissen zu erweitern, sondern vor allem, um uns dazu zu bringen, ihm zu gehorchen. Jeder von uns veränderte sich.

Ein paar Stunden vor meinem Geburtstagsmorgen wurde ich also von Gott geweckt. Da ich meinte, ich sei seinem Ruf bereits gefolgt, hatte ich mir über dieses Thema nicht weiter den Kopf zerbrochen. Schließlich saß ich schon viel öfter auf dem Präsentierteller, als mir lieb war. Doch Gott war längst noch nicht fertig mit mir, und in dieser Nacht übertrug er mir die nächste Aufgabe.

Er schenkte mir die Vision, dass wir in dieser Generation anfangen würden, andere Menschen an unserer Beziehung zu Gott teilhaben zu lassen, anstatt nur immer mehr Wissen über ihn anzusammeln. Ich sollte Frauen, die ihn schon kannten und liebten, mit dem nötigen Handwerkszeug ausrüsten, damit sie ihre Nachbarn, Bekannten und Arbeitskollegen in ganz normalen Gesprächen auf Gott aufmerksam machen konnten. Wir waren alle mit der Wahrheit verwöhnt worden, und nun rief Gott uns dazu auf, diese Wahrheit in die Praxis umzusetzen und sie an solche Leute weiterzugeben, die unter normalen Umständen vielleicht niemals eine Kirche oder einen Bibelkreis besuchen würden.

In Lukas 14 erzählt Jesus eine Geschichte, die mich total fasziniert. Sie zeigt ganz deutlich, wie sehr Gott die verlorenen und leidenden Menschen am Herzen liegen:

Ein Mann bereitete ein großes Festessen vor, zu dem er viele Gäste einlud. Als alles fertig war, schickte er seinen Boten zu den Eingeladenen: „Alles ist vorbereitet, kommt!" Aber niemand kam. Jeder hatte auf einmal Ausreden. …

Der Bote kehrte zurück und berichtete alles seinem Herrn. Der wurde sehr zornig: „Geh gleich auf die Straßen, auf alle Plätze der Stadt, und hole die Bettler, Verkrüppelten, Gelähmten und Blinden herein!" Der Bote kam zurück und berichtete: „Es sind viele gekommen, aber noch immer sind Plätze frei!" (Verse 16-18 und 21-22)

An dieser Stelle bekomme ich jedes Mal Tränen in die Augen:

„Geh auf die Landstraßen", befahl der Herr, „und wer auch immer dir über den Weg läuft, den bring her! Alle sind eingeladen. Mein Haus soll voll werden" (Vers 23).

In der Elberfelder Übersetzung steht hier: „Nötige sie hereinzukommen, dass mein Haus voll werde!" Gott sehnt sich so sehr nach den Menschen, die ihn nicht kennen, dass wir sie *nötigen* sollen, zu ihm zu kommen. Wir tun das normalerweise nicht so gerne, weil es uns irgendwie peinlich ist und wir nicht aufdringlich sein wollen. Doch dann sollten wir eben nach Möglichkeiten suchen, wie wir anderen von Jesus erzählen können, ohne ihnen auf die Nerven zu gehen. So verständlich und sympathisch es auch ist, dass unsere Generation vor jeder Art von Heuchelei zurückschreckt und deshalb einen großen Bogen um die Kirche und andere religiöse Institutionen macht – es führt dazu, dass *wir* die Initiative ergreifen und ihnen Gott näherbringen müssen.

Obwohl ich also bereits Vorträge über einzelne Abschnitte aus meinem Bibelstudienheft hielt, spürte ich, dass sich dieser Dienst noch weiter ausdehnen sollte. Da Gott die Anleitung zum persönlichen Bibelstudium dazu benutzte, um Menschen unterschiedlichen Alters und mit unterschiedlichen Problemen zusammenzubringen, würde dies sicherlich auch der Ausgangspunkt für meine neue Aufgabe sein. Vielleicht konnten die Erfahrungen, die die Teilnehmer in den Kleingruppen machten, die Kluft zwischen langjährigen Gläubigen und solchen, die sich erst an den christlichen Glauben herantasteten, überbrücken.

Als ich am Morgen meines Geburtstags aufwachte, stimmte ich nicht etwa einen Lobgesang an, wie Maria es getan hatte, sondern fühlte mich richtig krank. Ich wusste genau, dass die Gedanken, die mir in dieser Nacht gekommen waren, von Gott stammten. Und ich hatte mich vor Monaten, als ich gemeinsam mit Zac dieses radikale Gebet gesprochen hatte, dazu verpflichtet, alles zu tun, was Gott wollte. Gott hatte damals schon angedeutet, in welche Richtung er mich führen würde. Und jetzt zeichnete sich allmählich immer deutlicher ab, wie umfangreich und gewaltig dieser Auftrag sein würde. Dabei hatte ich noch nie zu den Leuten gehört, die unbedingt berühmt werden wollen. Sogar die Aufmerksamkeit, die einer Pastorenfrau entgegengebracht wird, war mir immer unangenehm gewesen. Um diese Vision zu verwirklichen, würde ich jedoch so richtig ins Rampenlicht treten müssen. Diese Vorstellung brachte mich zuerst zum Lachen, dann wurde mir schlecht. Ich hatte drei Kinder, und bald würde noch ein Pflege- oder Adoptivkind dazukommen. Wie sollte ich es anstellen, das Interesse eines Verlages zu wecken, ganz zu schweigen von der Aufmerksamkeit einer ganzen Generation?

Abends holten mich meine engsten Freundinnen ab, um meinen Geburtstag mit mir zu feiern. Bekah hatte meinen Lieblingsnachtisch gemacht. Wir saßen um einen Pool herum, betrachteten die Skyline von Austin und aßen Trifle, ein geschichtetes Obst-Sahne-Dessert. Meine Freundinnen kennen mich so gut, dass sie längst wissen, wie sehr ich es schätze, wenn man sich nicht zu lange mit Small Talk aufhält. Bei einem leckeren Essen tief schürfende Gespräche zu führen, ist für mich nämlich schon ein Vorgeschmack des Himmels. Also stellten sie mir eine bohrende Frage nach der anderen.

Ich hätte sowieso nicht verbergen können, wie niedergeschlagen ich war. Deshalb erzählte ich ihnen in allen Einzelheiten, wie ich nachts aufgewacht war und eine Vision gehabt hatte. Ich gestand ihnen, wie unsicher und ängstlich ich war. Weil meine Freundinnen merkten, wie sehr ich mich gegen diese neue Berufung sträubte, hörten sie mir einfach zu und ermutigten mich mit Sätzen wie: „Tu das, Jennie“ und: „Keine Angst, Gott wird dir helfen. Warte einfach, bis er handelt.“ Sie bestätigten mich in meiner Überzeugung, dass Gott mich dazu berufen hatte, mein Talent zum Schreiben zu gebrauchen. Aber sie halfen mir auch dabei, geduldig darauf zu warten, dass Gott mir die richtigen Türen öffnete.

Diese Freundinnen haben mich auch weiterhin unterstützt, als meine Berufung mehr und mehr Gestalt annahm. Bis heute treffen sie sich regelmäßig, um für mich zu beten, schicken mir Bibelverse, wenn ich mich unfähig fühle, und freuen sich mit mir. Immer wieder haben sie mich ermutigt, den Weg weiterzugehen, wenn ich aufgeben wollte, weil mir alles über den Kopf wuchs. Gott wusste schon im Voraus, dass ich das alles niemals alleine schaffen würde. Aber zum Glück gibt er uns immer alles, was wir brauchen, um unsere Aufgaben zu erfüllen.

In den darauffolgenden Tagen und Monaten habe ich nicht etwa einen Verlag nach dem anderen abgeklappert, bis ich endlich auf wundersame Weise auf den richtigen gestoßen bin, sondern ich habe einfach zu Hause gesessen. Was hätte ich nicht alles darum gegeben, wenn Gott mir aufgetragen hätte, mich in erster Linie um meine Kinder und die Menschen in meiner Umgebung zu kümmern! Ob ich es nicht noch ein bisschen aufschieben konnte, seinem Ruf zu folgen – sagen wir mal, bis ich fünfzig war?

Ich wusste, dass ich nicht vorschnell handeln durfte, sondern abwarten musste, bis Gott mir zeigte, wohin die Reise ging. Schließlich wollte ich nicht selbst irgendein Projekt auf die Beine stellen und mich hinterher fragen müssen, ob diese Idee von mir selbst oder von Gott stammte. Stattdessen wollte ich ihm gehorchen, sobald der nächste Schritt klar war, und in der Zwischenzeit möglichst gewissenhaft meinen übrigen Pflichten nachgehen.

Drei Monate später hatte ich eine neue Anleitung zum Bibelstudium ausgearbeitet. Sie befasste sich mit dem Leben von König David – einem Mann, dem Gott wichtiger gewesen ist als alles andere. Ich glaube, die Teilnehmerinnen unseres Frauenbibelkreises hatten das Gefühl, ich würde ihnen ganz persönlich vormachen, was für ein Kampf es sein kann, Gottes Willen zu erkennen: Ich war einerseits Feuer und Flamme für Jesus und andererseits völlig am Boden zerstört. Wenn ich vor der Gruppe etwas sagen musste, kämpfte ich immer wieder mit den Tränen. Es war so schwer, darauf zu warten, bis Gott mir endlich den nächsten Schritt zeigte …

Während wir die Lektionen durcharbeiteten, fielen mir einige Aspekte auf, unter denen ich Davids Leben bisher noch nie betrachtet hatte. Seine Augen waren unentwegt auf Gott gerichtet – schweifte sein Blick doch einmal ab, dann konzentrierte er sich gleich darauf wieder umso stärker auf ihn. Trotz seines verkorksten Lebens wird David in der Bibel als ein Mann nach dem Herzen Gottes bezeichnet.

Zwischenzeitlich stellte ich Gottes Auftrag zu schreiben zurück und beschäftigte mich stattdessen mit einem der anderen Bereiche, in denen sich unser Leben verändern sollte. Nachdem Zac und ich jenes radikale Gebet gesprochen hatten, war uns ja bewusst geworden, dass das Extrabett im Zimmer unseres Sohnes nicht lange leer bleiben würde. Um den Stein endgültig ins Rollen zu bringen, wollte ich nun selbst nach Afrika gehen. Vielleicht würde sich deutlicher abzeichnen, was wir tun sollten, wenn wir einige Kinder persönlich kennenlernten. Trotzdem war uns immer noch sehr unbehaglich zumute. Zu jener Zeit schrieb ich Folgendes:

Ein Leben wie im Bilderbuch

6. August 2009

Falls ihr in den letzten paar Monaten meinen Blog gelesen habt, wisst ihr, dass mein Mann und ich herausfinden wollten, welche Pläne Gott für unser Leben hat.

Als ich diesen Blog begonnen habe, war ich allerdings noch gar nicht so weit. Ich dachte, dass dies eine gute Möglichkeit sei, andere an allem teilhaben zu lassen, was ich gerade lerne. Aber ich ahnte nicht, dass Gott bald all unsere Vorstellungen von einem „normalen Leben" sprengen würde.

Ich hatte eigentlich fest vor, euch durch diesen Blog einen Einblick in meine inneren Kämpfe zu geben, ganz egal, wie hart sie sein würden. Doch jetzt erscheint es mir beinahe unangebracht, mein Innenleben derartig nach außen zu krempeln – so als ob ich den Vorhang vor unserer Intimsphäre zurückziehen würde.

Aber vielleicht ist es kein Zufall, dass ich den Blog ausgerechnet in dieser Phase unseres Lebens schreibe. Vielleicht möchte Gott das alles für seine Zwecke gebrauchen. Immerhin gehöre ich nicht länger mir selbst, und ich schreibe, um das weiterzugeben, was Gott mir geschenkt hat. Es ist keine Schande, wenn ich erzähle, wie schwach und unfähig ich bin und wie viel Mühe Gott mit mir hat, weil ich genau weiß, dass viele Christen im selben Dilemma stecken. Gott ist dabei, auch die hintersten Winkel unseres Herzens auseinanderzunehmen, und wenn ich euch von diesem Prozess erzähle, bin ich ganz besonders auf eure Nachsicht angewiesen.

Der Autor und Theologe Henri Nouwen hat es so ausgedrückt: „Ich bin immer mehr davon überzeugt, dass mein Leben anderen ebenso gehört wie mir selbst, und dass das, was man als einzigartig empfindet, sich oft als etwas erweist, das fest in unser aller Menschsein eingebettet ist."[4]

Ich gehe davon aus, dass nur ganz normale Sterbliche diesen

Blog lesen werden. Und womöglich wird sich der eine oder andere ja sogar mit diesem undurchsichtigen Prozess, den ich gerade durchmache, identifizieren können.

Wenn ich ein Leben retten könnte, ohne dabei mein eigenes zu gefährden, würde ich es dann nicht sofort tun?

Das ist der Punkt, an dem Zac und ich gerade stehen. Obwohl wir reich sind (verglichen mit einem Großteil der Weltbevölkerung) und über ein zusätzliches Bett und einen gut gefüllten Kühlschrank verfügen, habe ich Angst. Doch die Bilder aus Afrika bringen mich immer wieder zum Weinen. Und sooft ich daran denke, dass dort ein Kind lebt – schon geboren, aber noch nicht willkommen geheißen –, das unseres sein könnte, frage ich mich, worauf ich noch warte. Ich weiß es nicht – ich habe einfach Angst davor, wie sehr sich unser Leben dadurch ändern könnte. Wie wird ein farbiges Kind in einer weißen Umgebung zurechtkommen? Und wie wird es für mich sein, vier Kinder zu haben? (Im Gegensatz zu meinen Schwestern habe ich mir nämlich nie mehr als drei Kinder gewünscht.) Unser Leben platzt auch ohne diese zusätzliche Herausforderung schon fast aus allen Nähten.

Bisher haben wir noch nicht mit den Formalitäten begonnen, obwohl wir manchmal kurz davorstehen. Natürlich halten einige Leute uns für verrückt, weil wir so etwas tun wollen. Aber auf solche Kommentare muss man wohl bei jedem riskanten Unternehmen gefasst sein – sogar, wenn man jemanden überschwänglich liebt. Als Zac und ich aus dem Kino kamen, nachdem wir uns den Film „Selbst ist die Braut“ (ausgerechnet!) angesehen hatten, meinte er: „Das hat mich motiviert, ein Kind zu adoptieren ... Es ging um eine Frau, die nicht geliebt wur-

de und deshalb nicht wusste, wie sie jemanden lieben sollte. Und wir haben in unserer Familie genug Liebe für ein weiteres Menschlein." Zacs Motto ist: „Es gibt keinen Grund, warum wir es nicht tun sollten", und an den meisten Tagen stimme ich ihm zu.

Der Gedanke an diese Kinder geht mir einfach nicht aus dem Kopf: Sie haben nichts und niemanden auf der Welt – und ich habe alles, einschließlich der Möglichkeit, wenigstens einem von ihnen zu helfen. Warum sollte ich nicht ein Menschenleben retten, wenn ich dafür nicht einmal mein eigenes aufs Spiel setzen muss? Oder gefährde ich dadurch tatsächlich mein Leben – mein vertrautes, sicheres Leben? Was ich verlieren kann, ist lediglich meine Bequemlichkeit – nicht mein Leben.

Manche meinen, wir müssten uns erst hundertprozentig sicher sein, bevor wir so einen Schritt wagen. Sonst wüssten wir nicht ganz genau, ob Gott uns wirklich dazu aufgefordert hat. Aber ich glaube, dass Gott nicht dazu verpflichtet ist, uns im Voraus über jede Einzelheit aufzuklären, damit wir ihm gehorchen. Er hat klar und deutlich gesagt, was er von uns will … Ist es sein Wille, dass ich Menschen, die in Not sind, etwas von meinem grenzenlosen Überfluss abgebe? Möchte er, dass ich für die Armen sorge? Erwartet er von mir, dass ich mein Leben für andere einsetze? Hat er gesagt, wir sollen uns um Waisenkinder kümmern? Wie sich Gottes Führung in meinem Leben zeigt, das liegt nicht in meiner Macht.

Allerdings sehne ich mich unbändig danach, dass Gott dieses Chaos in meinem Inneren sortiert. Ich habe dieses Bilderbuchleben satt und möchte keine Entscheidungen mehr treffen, die sich nur an meiner Eignung oder meinen Fähigkeiten orien-

tieren. Was Gott für uns bereithält, möchte ich auf keinen Fall verpassen, nur weil ich Angst davor habe.[5]

Dass wir bereit waren, Gott zu gehorchen, hieß noch lange nicht, dass alles einfach war. Ich wünschte mir immer noch, dass Gott uns endlich konkretere Anweisungen geben würde, damit wir uns sicherer fühlen konnten. Eine Bekannte von uns hat zwei Kinder aus Ruanda adoptiert, und als ich sie fragte, ob sie sich vor diesem Schritt denn ganz sicher gewesen sei, rechnete ich logischerweise mit einem Ja. Stattdessen lachte sie hell auf und antwortete: „Absolut nicht. Irgendwann springt man einfach ins Ungewisse und zweifelt so lange, bis man auf dem Boden landet."

Blindes Einverständnis

Also nahm ich mir vor, nach Ruanda zu fliegen. Da unsere Gemeinde dort missionarisch aktiv werden wollte, mussten sowieso einige Dinge vor Ort geregelt werden. Kurz vor dem Abflug sagte mein Mann jedoch: „Hör mal, Jennie, ich glaube, ich sollte das lieber selbst übernehmen. Lass mich an deiner Stelle fliegen." Ein wenig geknickt, aber dennoch zuversichtlich händigte ich Zac meinen Traum aus.

Im Januar 2010, als in Haiti dieses furchtbare Erdbeben stattfand, flog Zac in die Gegend, die ich inzwischen als mein persönliches Afrika bezeichne. Doch während er fort war, rückten andere Menschen in unser Bewusstsein: Auf der ganzen Welt wurde man auf die Waisenkinder von Haiti aufmerksam. Ich konnte meine Augen kaum vom Fernseher abwenden, wo so viele kleine Kinder gezeigt wurden, die keine Angehörigen mehr hatten. Nachdem eine Woche lang von Ereignissen berichtet wurde, die jeder Beschreibung spotteten, war vermutlich die halbe Welt bereit, ein Kind zu adoptieren.

Zac brauchte in Ruanda unterdessen nur ein einziges Waisenhaus zu besuchen, um einen Entschluss zu fassen. Über eine äußerst mangelhafte Skype-Verbindung erklärte er mir: „Jennie, wir werden eines von diesen Kindern adoptieren."

Und diesmal war ich diejenige, die nichts anderes sagte als: „Okay."

Außer Kontrolle: » 16

Gott zeigt sich im Chaos

Seit ich über das Rauschen einer schlechten Verbindung hinweg zu Zacs Vorschlag Ja gesagt hatte, waren nun schon eineinhalb Jahre vergangen. Die Adoptionsformalitäten waren längst erledigt. Und irgendwann hatte Zac mich zu einem Autorenkongress geschickt, wo ich einen Agenten getroffen hatte, der meine Interessen vertreten wollte. Ein paar Monate später bekam ich tatsächlich ein Angebot von einem Verlag: Ich sollte mehrere Anleitungen zum Bibelstudium verfassen – und zwar gemäß der Vision, die Gott mir wenige Jahre zuvor geschenkt hatte. Außerdem wollte der Verlag, dass ich Bücher schrieb. Wovon das erste Buch handeln würde, wusste ich schon – ich erlebte seinen Inhalt gerade am eigenen Leib.

Solche Dinge geschehen nicht einfach von selbst. Die Geschichte, die Gott in meinem Leben schrieb, hätte ich mir niemals selbst ausdenken können. Sogar während ich diese Worte tippe, habe ich keine Ahnung, wie ich zu dem Vorrecht gekommen bin, etwas über meinen atemberaubenden Gott zu schreiben. Oder wie er es angestellt hat, mich überhaupt so weit zu bringen. Denn dieser Auftrag jagt mir nach wie vor auch etwas Angst ein.

■ ■ ■

Meine Freundin Laura und ich hatten die Rollen getauscht, seit sie in ihrem Glauben wieder Fuß gefasst hatte: Sie war jetzt diejenige, die mich ermutigte und tröstete, während ich durch eine Krise ging. Bei einem gemeinsamen Mittagessen blickte sie zärtlich auf das winzige Bündel neben ihr hinab. Das kleine Mädchen, das in einer Babytragetasche lag, schlief friedlich. Unter dem Rüschenhäubchen ringelten sich niedliche schwarze Löckchen hervor, und die dunklen Pausbäckchen glänzten. Laura strahlte übers ganze Gesicht. Als ich vor dem Essen betete, fielen mir die Gespräche wieder ein, die wir vor einigen Jahren geführt hatten. Damals hatte Laura praktisch in der Luft gehangen. Sie wollte dem Gott, der sie durch Gesetze, Ängste und Unsicherheit an sich band, nicht länger folgen. Aber dieser Gott war ein Produkt ihrer Fantasie gewesen und hatte mit unserem wahren himmlischen Vater absolut nichts gemeinsam.

Und nun saß sie vor mir – voller Lebensfreude und Zuversicht. Das Baby, das sie adoptiert hatte, wuchs und gedieh. Gutes Essen und viel Liebe stärkten Körper und Seele dieses kleinen Wesens. Das konnte man deutlich sehen, wenn es seine braunen Kulleraugen aufschlug. Dieses Kind war satt und zufrieden, weil sich seine ganze Welt verändert hatte. Und dasselbe galt für meine Freundin Laura: Ihr ganzes Leben spiegelte Gottes Güte wider.

In gewisser Hinsicht hatten sowohl Laura als auch dieses afrikanische Mädchen eine Grenze überquert. Beide hatten ein Zuhause gefunden und den Tod hinter sich gelassen. Ich beendete mein Tischgebet, indem ich Gott nicht nur für das gute Essen und meine fantastische Freundin dankte, sondern auch für die kreative Art und Weise, in der er uns errettet. Doch als ich Amen sagte, wurde das Gewicht, das auf meiner Brust lastete, noch schwerer. Ich spürte es seit Monaten, weil wir immer noch auf unser eigenes Adoptivkind warten mussten. Wir hatten gedacht, wir könnten es zum selben Zeitpunkt, als Laura ihre Tochter bekommen hatte, in Ruanda abholen. Aber die Behörden rührten sich einfach nicht. Und sosehr ich mich freute, Laura zusammen mit ihrer niedlichen Tochter zu sehen, quälte es mich auch. Inzwischen waren eineinhalb Jahre vergangen, und einige Anzeichen ließen darauf schließen, dass es dem kleinen Jungen, der zu uns kommen sollte, nicht besonders gut ging: Seine Beine waren geschient worden, und wir wussten nicht, weshalb. Es zerriss uns fast das Herz, dass wir keine Möglichkeit hatten, ihm zu helfen.

Jedes Mal, wenn ich daran dachte, dass er dort im Waisenhaus niemanden hatte, der ihn liebevoll zudeckte, ihn nach dem Baden in ein warmes Handtuch wickelte oder dafür sorgte, dass er nicht hungrig ins Bett gehen musste, drehte ich fast durch. Mit meinem Verstand vertraute ich Gott, während meine Gefühle verzweifelt nach einer Lösung suchten, die nicht existierte. Die Behörden würden uns Bescheid geben, wann wir den Jungen abholen konnten, doch sie hatten offenbar absolut keine Eile.

Diese Situation konnte ich nur aushalten, indem ich innerlich ganz stillhielt. Zur Frage, ob unser kleiner Sohn je würde laufen können, kamen nämlich noch andere Unsicherheiten: Zac und die Gemeindeältesten sorgten sich um die Zukunft unserer Gemeinde – und damit auch um unsere Zukunft als Pastorenehepaar. Meine Tätigkeit als Autorin entwickelte eine ganz eigene Dynamik. Gott hatte zwar klar und deutlich zu uns geredet, aber es fühlte sich trotzdem so an, als ob unser Leben völlig aus dem Ruder geriet.

Prioritäten verschieben sich

Bei der Kindererziehung kommt man irgendwann an den Punkt, an dem man begreift, dass es lediglich eine schöne Illusion ist, immer alles unter Kontrolle haben zu wollen. Anfangs sträubt man sich noch gegen diese Erkenntnis, indem man die perfekte Wickeltasche packt und das Baby zu genau festgelegten Zeiten füttert und spazieren fährt. Spätestens, wenn zwei oder sogar drei kleine Kinder um einen herumwuseln, steht man jedoch vor der Entscheidung: Will man sich dauernd Sorgen machen oder sich lieber endgültig damit abfinden, dass man sein Leben nicht länger im Griff hat?

Sobald man das einmal akzeptiert hat, lässt man die Dinge auf sich zukommen, statt ein festes Programm abzuspulen. Man gewöhnt sich immer mehr an dreckige Fußböden, Trotzanfälle und Töpfchentraining, obwohl diese Dinge ermüden und grundsätzlich nie in unseren Zeitplan passen. Zwar gibt man sich immer noch Mühe, seine Kinder zu erziehen, aber man passt sich allmählich ihrem Tempo an, anstatt sie krampfhaft in Tugendengel verwandeln zu wollen. Dass der Ausdruck „artiges Kind" ein Widerspruch in sich ist, wird einem auch irgendwann klar. Wenn andere Leute über das Verhalten des eigenen Kindes die Stirn runzeln, lernt man, etwas zu sagen wie „Daran arbeiten wir noch", anstatt den Frechdachs unter dem Tisch heimlich zu kneifen.

Zwischen diesem Prozess und unserer eigenen Situation kann ich einige Parallelen erkennen. Bevor Zac und ich dieses radikale Gebet sprachen, habe ich mich nämlich ängstlich bemüht, alles unter Kontrolle zu haben, und um Dinge gesorgt, die ich sowieso nicht beeinflussen konnte. Der Eindruck, den ich bei anderen hinterließ, war mir unglaublich wichtig.

Und dann haben wir das Ruder endgültig aus der Hand gegeben.

Es war schwer … und gleichzeitig auch ganz einfach. Denn Gott hat alles im Griff. Er ist real, und er sieht uns. Über kurz oder lang werden wir ohnehin bei ihm im Himmel sein. Und was wir hier tun, bis wir ihn von Angesicht zu Angesicht sehen werden, soll *er* bestimmen.

Da ihr Töchterchen immer noch schlief, fing Laura an, mir lauter neugierige Fragen zu stellen, wie das gute Freunde so an sich haben. Ich spürte, wie der Kloß in meiner Kehle immer dicker wurde, und schob energisch die schweren Gedanken zur Seite, die ich in den letzten Monaten ständig verdrängt hatte. Um zu vermeiden, dass mich mein Kummer überwältigte, lenkte ich das Gespräch schnell in eine andere Richtung.

Dann klingelte mein Handy. Es war Zac. Ich ließ die Mailbox rangehen, weil ich ihn lieber später zurückrufen wollte. Nach einer Minute versuchte er es erneut. Laura hielt mitten im Satz inne, also nahm ich ab.

„Hallo, Zac. Was gibt's?"

„Jennie, wir haben einen Anruf aus Ruanda bekommen. Der Kleine gehört uns!"

Ich kämpfte mit den Tränen. Hatte ich richtig gehört? Waren wir nach eineinhalb Jahren nun endlich doch an der Reihe? Wenn das stimmte, gab es jetzt tausend Dinge zu regeln. Die letzten Monate waren mit Arbeit an meinen Bibelstudienheften gefüllt gewesen, und wir hatten uns als Familie auf die vor uns liegenden Veränderungen vorbereitet.

Gleich nach dem Essen rief ich meine Lektorin an, damit wir den Rest meiner To-do-Liste durchgehen konnten. Offenbar war ich am Telefon ziemlich kurz angebunden, denn irgendwann unterbrach sie mich besorgt und erkundigte sich: „Jennie, ist bei Ihnen alles in Ordnung?" Ich hatte keine Antwort darauf, weil mir förmlich der Kopf schwirrte.

Nachdem wir es gewagt hatten, uns einem unsichtbaren Gott anzuvertrauen, sollte unser Glaube jetzt auf die Probe gestellt werden. Es würde nur ein paar Monate dauern, bis unser künftiges Leben keinerlei Ähnlichkeit mehr mit unserem früheren aufweisen würde. Nicht nur, dass wir einen neuen Sohn bekamen – jeder einzelne Bereich unseres Lebens wurde auf den Kopf gestellt. Nichts war mehr wie vorher.

Weil ich immer mehr ins Licht der Öffentlichkeit trat, würde ich mich nicht länger zurückziehen oder darauf hoffen können, dass alle Leute mit mir zufrieden waren. Außerdem hatten wir uns entschieden, einen vierjährigen Jungen zu adoptieren, der seine ersten Lebensjahre in einem afrikanischen Waisenhaus verbracht hatte – was vermutlich nicht gerade der einfachste Weg zu einer perfekten Familie war.

Aber auch wenn dieser Weg steinig sein würde, mussten wir nicht lange überlegen, ob wir ihn gehen wollten. Seit wir Gott freie Hand ließen, redete er laut und deutlich, und es war eigentlich gar nicht kompliziert, ihm zu folgen. Zumal er uns immer wieder persönlich begegnete.

Trotzdem schien es so, als würden wir geradewegs auf eine ziemliche Katastrophe zusteuern. Der Auftrag, den Gott mir gegeben hatte, forderte immer mehr Zeit und Kraft. Gleichzeitig sollte ich unserem vierjährigen Adoptivsohn beim Eingewöhnen helfen und nebenbei natürlich auch unseren ganz normalen Familienbetrieb am Laufen halten. Und es zeichneten sich Veränderungen ab, die Zacs Job, die Gemeinde und unsere ganze Zukunft betrafen. Unwillkürlich rechnete ich damit, dass irgendetwas zu kurz kommen würde. Würden wir bald einen großen Crash erleben? Oder konnten all diese unterschiedlichen Bereiche tatsächlich miteinander verschmelzen und ein harmonisches Ganzes bilden?

Auch die Leute um uns herum hegten solche Bedenken. Dass wir unsere Träume von einem Bilderbuchleben längst aufgegeben und uns Gott ganz und gar ausgeliefert hatten, konnte nicht jeder von ihnen nachvollziehen. Aber sie meinten es wirklich gut mit uns.

So sagte beispielsweise Kim, eine enge Freundin, als wir uns bei einem Kaffee gegenübersaßen: „Jennie, ich mache mir Sorgen um euch. Ist es wirklich richtig, was ihr da tut? Ich fürchte, dass euch das alles über den Kopf wächst. Vielleicht solltet ihr euch noch einmal in aller Ruhe überlegen, wie sich diese Adoption und deine Tätigkeit als Autorin auf euer ganzes Leben auswirken wird."

Ich hörte ihr aufmerksam zu, weil ich sie nur zu gut verstehen konnte. Schließlich hatte ich selbst große Angst und musste ständig gegen meine Zweifel und mein inneres Widerstreben ankämpfen. Dass wir uns das Leben nicht unnötig schwer machten, wünschte ich mir mindestens ebenso sehr wie all unsere wohlmeinenden Freunde.

Außer Kim stellten nämlich auch viele andere unseren Lebensstil infrage. Und da es sich bei den meisten um aufrichtige Christen handelte, denen wir vertrauten, durften wir ihre Einwände nicht einfach beiseiteschieben. Natürlich waren unsere Verwandten ganz besonders besorgt um uns. Sie überhäuften uns mit ihren Befürchtungen, und wir hörten ihnen geduldig zu. Da wir uns nach ihrer Zustimmung sehnten, prüften wir ihre Argumente immer wieder im Gebet. Aber es gab eine Tatsache, an der Zac und ich einfach nicht vorbeikamen:

Gott hatte klar und deutlich zu uns beiden geredet – so unmissverständlich wie noch niemals zuvor. Und die meisten Leute, die alles genau mitbekommen hatten – die unzähligen kleinen Wunder, die Gott in diesem Prozess an uns getan hatte –, waren ebenfalls davon überzeugt, dass hier etwas Übernatürliches geschah. Gott selbst war in dem Durcheinander nahe, das er in seiner unbegreiflichen Weisheit ausgelöst hatte.

Darum beteten und kämpften wir weiter und legten Gott immer wieder unser Leben zu Füßen. Und er erinnerte uns an all das, was er bereits für uns getan hatte. Zac und ich spürten beide einen unaussprechlichen Frieden – trotz der wachsenden Schwierigkeiten und der großen Skepsis unserer Angehörigen. Während dieser Zeit schrieb ich Folgendes:

15. April 2010

Viele Leute meinen es gut mit uns, wenn sie uns solche Fragen stellen: „Wie willst du das alles schaffen? Ein Kind adoptieren, deinen Mann in seinem Beruf als Pastor unterstützen, Bücher schreiben und Vorträge halten, für deine Kinder sorgen, gute Freundschaften pflegen und noch vieles andere?"

Ich habe keine Ahnung. Selbst während ich dies schreibe, kämpfe ich mit den Tränen. Gott ist mein Zeuge, dass ich zu ihm gesagt habe: „Mach mit mir, was du willst. Das alles bedeutet mir nichts, solange du uns nicht dazu beauftragst." Doch er hat auf überwältigende Weise bestätigt, dass wir jedes einzelne Projekt – die Adoption und meine Tätigkeit als Autorin und Referentin – weiterverfolgen sollen.

Dabei bin ich niemand Besonderes.

Ich bin weder kompetent noch originell, sondern einfach ich selbst. Und deshalb frage ich mich, genau wie alle anderen um mich herum, wie sich diese Berufung auf unsere Familie und unser ganzes Leben auswirken wird.

Doch es gibt eine Hoffnung, an die ich mich klammere: „Der Gott des Friedens aber, der Jesus, unseren Herrn, den erhabenen Hirten seiner Schafe, von den Toten heraufgeführt hat durch das Blut eines ewigen Bundes, er mache euch tüchtig in allem Guten, damit ihr seinen Willen tut. Er bewirke in uns, was ihm gefällt, durch Jesus Christus, dem die Ehre sei in alle Ewigkeit. Amen" (Hebräer 13,20-21; EÜ).[6]

Wir wussten es.

Wir wussten, dass Gott uns nicht nur aufforderte, ihm zu gehorchen, sondern auch, ihm hinsichtlich aller möglichen Konsequenzen zu vertrauen.

Unser Kaffee war lauwarm geworden, als Kim mich fragend ansah, nachdem sie ihrem Herzen Luft gemacht hatte. Es gab jedoch nur eines, was ich erwidern konnte: „Wie könnten wir Gott ungehorsam sein? Wir müssen ihm gehorchen, weil er Gott ist! Er hat das Sagen, und er wird sich um uns und unsere Kinder kümmern. Uns ist klar, dass das alles nicht einfach sein wird. Aber wir vertrauen darauf, dass Gott uns helfen wird, all das zu bewältigen, was er uns zumutet."

Wenn es um radikalen Gehorsam geht, neigen wir dazu, uns dem Pragmatismus unserer Gesellschaft anzupassen. Wir erwägen Pro und Kontra und schauen zuerst einmal in unseren Terminkalender. Falls uns die betreffende Aktion mehr abverlangen könnte, als wir davon profitieren würden, kommen wir schnell zu dem Schluss, dass dies unmöglich unsere Aufgabe sein kann.

In Gottes Wort heißt es jedoch: „Denn das Wort vom Kreuz ist denen, die verloren gehen, Torheit; uns aber, die gerettet werden, ist es Gottes Kraft … Hat Gott nicht die Weisheit der Welt als Torheit entlarvt?" (1. Korinther 1,18.20; EÜ)

Wer Jesus Christus kennt, lebt für eine andere Realität. Er orientiert sich an unsichtbaren Dingen – am Kreuz, an der Ewigkeit, an einem Gott, der uns sieht und uns seinen Geist schenkt, damit wir dieses Leben auf der Erde optimal nutzen können. Und das heißt nicht, dass wir es uns möglichst bequem machen und darauf achten sollen, jeden Nachteil durch einen entsprechenden Vorteil auszugleichen.

Sondern wir leben für Gott.

„Wie du mich in die Welt gesandt hast, so sende ich sie in die Welt" (Johannes 17,18), sagt Jesus. Also gehorchen wir, weil wir ihn auf dieser Erde verkörpern. Wenn uns bewusst wird, dass wir die Boten des allmächtigen Gottes sein dürfen, verändert sich unsere Perspektive. Und dann werden wir bereit, nach Zielen zu streben, die wir noch nicht sehen können.

■ ■ ■

Ich saß auf einer Betontreppe und blickte auf eine Wiese, auf der meine Kinder Fußball spielten. Im Hintergrund erstreckte sich eine Landschaft, an die ich mein Herz schon verloren hatte, bevor ich sie zum ersten Mal sah. Erst vor wenigen Jahren hatte hier ein entsetzlicher Völkermord stattgefunden. Und trotzdem strahlte dieser Ort eine Schönheit und Freude aus, die vermutlich alles übertraf, was ich je erlebt hatte. Es schien, als würde uns jeder Stein dieser rauen Landschaft zurufen, dass Gott die Menschen erlöst.

Fasziniert beobachtete ich, wie mein älterer Sohn seinem neuen kleinen Bruder einen ruandischen Fußball zuspielte. Auf Coopers dunklem Gesicht erschien ein strahlendes Lächeln. Die beiden Jungs hatten sich auf Anhieb verstanden, denn Sport, Spiel und Spaß waren eine Sprache, die jeder von ihnen beherrschte. Obwohl erst vierundzwanzig Stunden vergangen waren, seit Cooper endgültig zu uns gehörte, wusste ich eines ganz genau: Ganz gleich, was für Herausforderungen noch vor uns liegen mochten – diese Liebesgeschichte war vielleicht die schönste meines ganzen Lebens.

Meine Augen füllten sich mit Tränen, als Gott mir zuflüsterte: *Zum Glück hat deine Angst dich nicht daran gehindert, mir zu gehorchen, Jennie! Siehst du, was du sonst verpasst hättest?*

Der unsichtbare Krieg: » 17

Tapfer weiterkämpfen

Einen Grund zu zweifeln gibt es immer: Wir zweifeln, weil Gott, auch wenn er laut und deutlich zu uns redet, immer noch unsichtbar ist und weil es uns so schwerfällt, ihm auf steinigen Wegen zu folgen. Oder weil uns das Risiko und die Kosten zu hoch sind und wir unsere Erwartungen und vermeintlichen Rechte nicht aufgeben wollen. Dass viele Leute uns für überspannt halten und sogar manche, die wir wirklich schätzen, über uns den Kopf schütteln, ist auch ein Grund. Was unsere Zweifel jedoch am meisten schürt, ist die Tatsache, dass wir dem Teufel nun ganz offiziell den Krieg erklärt haben.

Klingt so, als würde Christsein richtig Spaß machen, stimmt's?

Aber der Teufel ist tatsächlich real, und es ärgert ihn unbeschreiblich, wenn wir die Passivität abschütteln, durch die er uns lähmen will. Da Zac und ich diesen Schritt gewagt hatten und Jesus überallhin folgen wollten, hatte er uns also auch auf dem Kieker.

Allerdings dienen wir Gott schon lange genug, um bereits einige seiner Angriffe erlebt zu haben. In den ersten Jahren, in denen Zac und ich bei der Gründung neuer Gemeinden halfen, haben wir uns sogar angewöhnt, stets mit seinen Angriffen zu rechnen. Wenn wir uns beispielsweise völlig unnötig gestritten hatten, wurde uns irgendwann klar, wer hinter diesem Konflikt steckte. Dann sahen wir uns in die Augen, lachten und schlossen Waffenstillstand. Seit einiger Zeit wagten wir uns jedoch noch weiter in sein Hoheitsgebiet hinein, und darum fuhr der Teufel schärfere Geschütze auf.

Innerhalb weniger Monate kam zu den einschneidenden Veränderungen, die wir bewältigen mussten, noch Folgendes hinzu: Zac und ich hatten die schlimmsten Auseinandersetzungen unserer ganzen Ehe. Wir wurden von guten Freunden verraten. Eines unserer Kinder verhielt sich in der Schule sehr ungewöhnlich. Wir hatten plötzlich mit Versuchungen zu kämpfen, die vorher noch nie Thema gewesen waren. In unserer Gemeinde gab es mehr Probleme als je zuvor. Und es passierten noch einige weitere Dinge, über die ich nicht sprechen kann, ohne das Vertrauen anderer Menschen zu brechen.

Jeden Tag (sofern wir uns nicht gerade stritten) sah Zac mir in die Augen, umarmte mich und fragte: „Sind wir mit Gott im Reinen?" Und wenn ich bejahte, fuhr er fort: „Was müssen wir tun, um ihm auch in dieser Situation zu gehorchen?"

Die Antwort war gewöhnlich ganz klar. Denn, ganz ehrlich, solange Zac und ich uns einig waren, konnte mich eigentlich nichts aus der Bahn werfen. Er war der Fels in der Brandung, auf den ich mich immer verlassen konnte. Deshalb erschütterte es mich auch zutiefst, als wir irgendwann nicht mehr in allem überstimmten. Vor lauter Entsetzen begann ich, alles zu hinterfragen.

Ich hatte die härteste Woche meines Lebens hinter mir. Für die Bibelstudienhefte sollten meine Vorträge auf DVD veröffentlicht werden. Es war mir unglaublich schwergefallen, vor einer Filmkamera meine Seele nach außen zu krempeln. Eines Abends hatte ich das Gefühl, ich würde seit Wochen pausenlos unter Beschuss stehen. Darum schloss ich mich im Badezimmer ein – aber nicht, um zu weinen, sondern um mal so richtig Dampf abzulassen. Ich war so wütend, dass ich mit meiner Faust in die Luft schlug, als ob ich den Teufel höchstpersönlich verprügeln könnte. Und ich flehte Gott an, uns eine Atempause zu gönnen. „Siehst du nicht, dass wir am Ende sind?“, fragte ich verzweifelt. „Alle trampeln auf uns herum. Bitte greif ein und komm uns zu Hilfe! Wir können einfach nicht mehr!“

Während Zac und ich uns völlig verausgabten, wurden wir von allen Seiten attackiert. Ich hatte jetzt den Punkt erreicht, an dem ich nicht länger so weitermachen konnte. Ich verlor immer mehr den Durchblick und musste endlich mal wieder verschnaufen. Es reichte wirklich.

Dabei dürfte es uns eigentlich nicht überraschen, dass unser Leben hart ist. Vor allem, wenn wir Jesus Christus nachfolgen wollen. Aber obwohl wir genau wissen, dass wir noch mitten im Krieg sind, trifft uns diese Erkenntnis immer wieder wie aus heiterem Himmel.

Braveheart-Fantasien

Vor seinem Tod hat Jesus den Vater gebeten, uns auf dieser Erde zu gebrauchen: Wir sollen dazu beitragen, dass andere Menschen errettet, geheilt, geliebt und beschützt werden. Jesus sagte, dass er zum Vater gehen würde. Aber er würde seine Jünger und alle, die durch ihre Worte an ihn glauben würden, zurücklassen, damit sie seine Mission fortsetzen konnten. Weil er wusste, dass seine Nachfolger auf Widerstand stoßen würden, betete er: „Ich bitte dich nicht, sie aus der Welt zu nehmen, aber schütze sie vor der Macht des Bösen!“ (Johannes 17,15)

Wenn es uns wirklich ernst damit ist, Jesus nachzufolgen, müssen wir immer mit Gegenwind rechnen. Deshalb hat Jesus für uns gebetet. Allerdings nicht in erster Linie dafür, dass wir vor Schwierigkeiten oder Leid bewahrt werden. Sondern, dass wir niemals unserem Gegner in die Hände fallen, der uns um jeden Preis außer Gefecht setzen will.

Wie oft habe ich wütend um mich geschlagen und geschmollt, weil in meinem Leben nicht alles so gelaufen ist, wie ich es mir vorgestellt habe? Wie oft habe ich zu Gott gesagt: *Das ist aber nicht fair!?*

Diese Enttäuschung hätte ich mir ersparen können, wenn ich mich in der Bibel darüber informiert hätte, dass wir uns in einem geistlichen Krieg befinden, und meine Erwartungen danach ausgerichtet hätte. Echte Freude fängt nämlich dort an, wo wir akzeptieren, dass Schwierigkeiten die Regel und nicht die Ausnahme sind.

Es ist befreiend, sich klarzumachen, dass der Himmel zwar schon ganz nahe ist, wir aber noch nicht dort angekommen sind. Solange wir noch auf dieser Erde leben, sollten wir uns darüber bewusst sein, dass es einen skrupellosen Feind gibt, der allen nachstellt, die sich Jesus Christus restlos ausgeliefert haben.

Das erinnert mich an den Film „Vom Winde verweht". Vor dem Bürgerkrieg benimmt sich die Hauptperson, Scarlett O'Hara, wie eine richtige Diva und lässt sich ihr Essen auf Silbertabletts servieren. Als sie nach dem Krieg jedoch in ihre Heimat zurückkehrt, greift sie höchstpersönlich zu einer Hacke, um dafür zu sorgen, dass auf den Feldern Getreide wachsen kann. Ihren Mitmenschen, die über ihr trauriges Schicksal jammern, fährt sie grob über den Mund. Der Krieg hat ihr ganzes Leben auf den Kopf gestellt, aber sie hat es geschafft, sich an diese neue Realität anzupassen. Und anstatt darauf zu warten, dass sie von anderen verwöhnt wird, kann sie jetzt schuften wie ein Pferd.

Um ehrlich zu sein, bin ich davon überzeugt, dass den meisten von uns dieses einfache, bequeme Leben sowieso nicht genügt. Und wenn Sie dieses Buch noch nicht zur Seite gelegt haben, könnte es durchaus sein, dass es Ihnen ähnlich geht. Vielleicht spüren Sie ebenfalls, wenn Sie Filme wie „Braveheart" anschauen, wie faszinierend es sein könnte, für eine lohnende Sache zu kämpfen. Ich glaube, dass wir uns deshalb so gerne mit Helden beschäftigen, weil wir uns nach einer Bestimmung sehnen, die über unseren Alltag hinausreicht. Diese Sehnsucht hat Gott selbst in unser Herz gepflanzt, davon bin ich fest überzeugt. Denn er hat uns für etwas viel Größeres geschaffen: Wir sollen seine Herrlichkeit auf dieser Erde sichtbar machen und gegen finstere Mächte kämpfen – sogar während wir im Elternbeirat sitzen oder eine Fußballmannschaft anfeuern.

Das klingt ein bisschen verrückt, oder?

Aber wir stehen mit einem Bein auf der Erde und mit dem anderen im Himmel. Obwohl wir uns leibhaftig auf dieser Erde befinden, soll sich unser Leben auch an einer anderen Realität orientieren. Wir kämpfen für Gottes Ehre und klammern uns an die Hoffnung, dass er uns führen und beschützen wird.

In der Bibel werden wir aufgefordert: „Greift zu den Waffen Gottes, damit ihr alle heimtückischen Anschläge des Teufels abwehren könnt!" (Epheser 6,11). Und danach sagt der Apostel Paulus in anderen Worten: „Als Erstes müsst ihr euch bewusst machen, wer euer Gegner ist. Ihr kämpft nämlich nicht gegen Fleisch und Blut – gegen die Menschen, die euch verletzen. Sondern ihr habt es mit Mächten und Gewalten des Bösen zu tun, die über diese gottlose Welt herrschen und im Unsichtbaren ihr unheilvolles Wesen treiben" (vgl. Epheser 6,12).

Früher dachte ich immer, es sei nicht besonders christlich, zu viel über den Teufel zu sprechen. Aber das ist mir inzwischen völlig schnuppe, weil ich glaube, dass es sich gar nicht vermeiden lässt. Wenn wir nämlich tatsächlich von finsteren Mächten attackiert werden, können wir froh über jede Warnung sein.

Dieses Bewusstsein verändert unser ganzes Leben, und es verändert die Art und Weise, wie wir kämpfen. Vielleicht bringt es Sie an einen Punkt, an dem Sie merken, dass Sie Gott brauchen. Ich jedenfalls hatte einen Retter nötig, während ich im Badezimmer mit meinen Fäusten um mich schlug. Ich brauchte meinen Gott dringender denn je.

Wir kämpfen nicht gegen Menschen, sondern gegen unheilvolle Mächte, die uns unter Beschuss nehmen, weil sie uns vernichten wollen. Als ich das begriffen hatte, fiel es mir leichter, anderen Menschen ihre Fehler zu vergeben. Diejenigen, die mir nahestehen, lieben Gott ebenfalls, und sie werden mir nicht absichtlich wehtun. Aber der Teufel weiß genau, dass ich ein leichtes Opfer bin, sobald ich mich von meinem Mann oder den Leuten aus meiner Gemeinde im Stich gelassen fühle. Auch in diesem Punkt lässt sich eine Parallele zu vielen dramatischen Kriegsfilmen ziehen: Die Soldaten können es nur ertragen, durch die Hölle zu gehen, indem sie füreinander einstehen. Anderen zu vergeben, wird leichter, wenn uns klar wird, dass ein sichtbares Gegenüber niemals unser Feind sein kann.

In gewisser Weise macht uns der Krieg zu besseren Menschen: Wir werden viel dankbarer, schütteln ein Stück von unserer Trägheit ab und sind längst nicht mehr so verwöhnt wie vorher. Wenn Gott zulässt, dass wir leiden müssen, geht es ihm nicht nur darum, den Kampf zu gewinnen. Er lässt diesen Schmerz zu, damit wir uns verändern. Das Leiden bewirkt nämlich, dass wir demütiger werden, größere Sehnsucht nach ihm haben und viel besser mit anderen Menschen mitfühlen können. „Liebe Brüder und Schwestern! Betrachtet es als Grund zur Freude, wenn euer Glaube immer wieder hart auf die Probe gestellt wird. Denn durch solche Bewährungsproben wird euer Glaube fest und unerschütterlich“ (Jakobus 1,2-3), ermutigt uns die Bibel.

Leid und Schwierigkeiten bewirken, dass wir erwachsen werden. Und die meisten von uns haben das nötig! Ich jedenfalls habe mir vorgenommen, künftig nicht mehr vor harten Zeiten zurückzuschrecken, weil ich mir keinen einzigen Vorteil, der damit verbunden ist, entgehen lassen will.

Zac und ich haben uns übrigens wieder versöhnt. Er ist wieder mein allerbester Freund, doch das heißt nicht, dass wir gegen weitere Angriffe gefeit wären. Jeder von uns wird sich immer wieder mit Entmutigung, Einsamkeit, Kritik und Leid herumschlagen müssen.

In solchen Situationen höre ich jedoch, wie Gott mir zuflüstert:

Ich bin dein Schutz.

Binde dir die Wahrheit um wie einen Gürtel, damit du an mich denkst, wenn es dunkel wird. Denk daran, dass ich größer bin als jede Herausforderung und dass ich am Ende immer siegen werde. Denk daran, dass ich jetzt und in alle Ewigkeit bei dir bin, auch wenn du mich nicht sehen kannst. Meine Gerechtigkeit umgibt dich wie eine Rüstung.

Und jetzt lauf los! Zieh in die Schlacht, indem du für mich kämpfst, meine Liebe weitergibst, meine Geschichte erzählst und meinen Ruhm sichtbar werden lässt. Sitz nicht länger herum und bemitleide dich selbst, sondern renn los und kämpfe. Auf geht's!

Dein Glaube soll alle feurigen Pfeile abwehren. Denn wenn du wirklich an mich glaubst – wenn du glaubst, dass der Herr über das Universum hinter dir steht –, brauchst du keine Angst zu haben. Es kann sein, dass du irgendwann müde wirst, aber solange du mich im Blick behältst, wirst du wissen, worum es in diesem Krieg geht. Du wirst tapfer kämpfen, so wie jemand, der weiß, dass es sich lohnt, für diese Sache zu sterben. Solange du mich siehst, wirst du weiterkämpfen.

Du hast mich immer dabei, weil ich in dir lebe.

Gib nicht auf, denn ich bin bei dir und ich bin für dich.

Genau umgekehrt: » 18

Wahre Freiheit finden

Während wir darauf warteten, dass wir endlich unseren Adoptivsohn Cooper zu uns holen durften, las ich einige Bücher über sein Heimatland Ruanda. Eines dieser Bücher hatte den Titel: „Wir möchten Ihnen mitteilen, dass wir morgen mit unseren Familien umgebracht werden“[7]. Darin wird eines der furchtbarsten Ereignisse geschildert, die jemals stattgefunden haben. Wenn ich abends lange aufblieb, um zu lesen, zog sich mir oft der Magen zusammen.

Das Buch beschreibt, wie ein Mann seinen Nachbarn und dessen Familie tötet, mit der er noch vor wenigen Wochen gemütlich zusammengesessen hat. In Ruanda wurden Kirchen, in denen Frauen und Kinder Schutz gesucht hatten, angezündet. Innerhalb von hundert Tagen kamen fast eine Million Menschen auf grausame Weise ums Leben.

Ich beschäftigte mich intensiv mit diesem Thema, denn ich wollte meinem Adoptivsohn später unbedingt etwas über die Geschichte seines Heimatlandes erzählen können. Dieser Ort würde ja immer ein Teil von ihm sein.

Und dann flogen wir schließlich selbst dorthin.

Als wir aus dem Flugzeug stiegen, wurden wir von vier Einheimischen empfangen, die mein Mann schon kennengelernt hatte: ein Fahrer, ein Seelsorger, der mit Straßenkindern arbeitete, und zwei Rechtsanwälte, die uns bei Coopers Adoption geholfen hatten. Vier starke, gut aussehende dunkelhäutige Männer hießen uns in ihrem schönen und komplizierten Land willkommen. Als ich ihnen zur Begrüßung die Hand schütteln wollte, umarmten sie mich lachend. Ihre Freude und Herzlichkeit überwältigten mich so sehr, dass mir die Tränen kamen.

Diese Männer mussten etwas ganz Besonderes sein, wenn sie in dieser von Leid und Schmerz gezeichneten Umgebung so viel Freude ausstrahlen konnten, dachte ich.

Aber ich stellte bald fest, dass sie keine Ausnahme waren, denn fast jede Person, der ich in Ruanda begegnete, hatte dasselbe freundliche und fröhliche Wesen. Während ich mein Studentenleben genossen hatte, waren die Familien dieser Leute ermordet worden oder selbst zu Tätern geworden. Und die meisten Ruander lebten auch heute noch in großer Armut. Trotzdem sprudelten sie geradezu über vor Freude, Begeisterung und einem unbegreiflichen Frieden.

Tat ich meinem Adoptivsohn wirklich einen Gefallen, wenn ich ihn von hier wegholte?

Jeder von uns sucht nach dem Schatz, den diese vier Männer und viele andere in Ruanda besaßen. Um Freude, Begeisterung, Liebe und Frieden zu finden, tun wir alles Mögliche: Wir lesen Bücher, wir knüpfen Freundschaften, wir heiraten, wir haben Sex, wir bekommen Kinder, wir klettern die Karriereleiter hoch, wir geben viel Geld aus und rufen dauernd unsere E-Mails ab. Doch anstatt ans Ziel unserer Träume zu gelangen, lösen sich Freude, Frieden und Liebe immer wieder in Luft auf. Und übrig bleibt nur Furcht, Unsicherheit und Gleichgültigkeit.

Kann es sein, dass wir das Ganze falsch angehen?

„Wer sich an sein Leben klammert, der wird es verlieren. Wer sein Leben aber für mich einsetzt, der wird es für immer gewinnen“ (Matthäus 16,25). In diesem Vers verbirgt sich eine unglaubliche Freiheit. Denn Jesus flüstert uns zu: „Ich bin der Weg, ich bin die Wahrheit, und ich bin das Leben“ (Johannes 14,6).

Auf dem Weg, den Gott uns zeigt, nähern wir uns dem wahren Leben also von einer ganz anderen Seite: Wir sollen sterben, um leben zu können. Etwas loslassen, um es für alle Ewigkeit zu gewinnen. Alle unsere Rechte aufgeben, um zu erhalten, was wirklich zählt.

Ich hätte nie geglaubt, dass der Entschluss, Gott all meine eigensinnigen Wünsche zu opfern, mich so sehr verändern würde. Natürlich bin ich nicht über Nacht eine Heilige geworden – mein Mann wird Ihnen das sicher gerne bestätigen. Aber als ich mich Gott restlos und unwiderruflich ausgeliefert habe, ist in mir etwas passiert.

An den Moment, als mir das zum ersten Mal bewusst geworden ist, erinnere ich mich noch genau. Es war nur einen Tag nach meinem Erlebnis auf dem Badezimmerboden – als ob Gott es nicht hätte erwarten können, mir zu zeigen, wozu er imstande ist, wenn wir uns ihm völlig anvertrauen. Ich bekam eine E-Mail, die mit lauter Vorwürfen gespickt war. Die Art und Weise, in der ich hier angegriffen wurde, war so verletzend, dass ich mich normalerweise heulend in meinem Bett verkrochen hätte. Und ganz automatisch rechnete ich damit, von der Last meiner Unsicherheit und Schuldgefühle niedergedrückt zu werden – so wie jedes Mal, wenn ich es meinen lieben Mitmenschen nicht recht machen konnte. Doch da hörte ich plötzlich Gott zu mir sagen: *Entschuldige dich bei der Frau, und überlass diese Sache dann einfach mir.*

Jahrelang hatte ich zwar genau gewusst, wie ich in solchen Situationen handeln sollte, hatte mich aber nie dazu überwinden können, es auch zu tun. Obwohl ich viele gute und sogar einige sehr weise

Ratschläge bekommen hatte, konnte ich nicht verhindern, dass mich so zerstörerische Gefühle wie Angst, Unsicherheit und Stolz überwältigten.

Wie kann man sein eigenes Herz unter Kontrolle halten?

In dem Gebet, das Jesus kurz vor seinem Tod gesprochen hat, finden wir folgende Antwort: *Du lebst für eine andere Welt, du erfüllst meinen Auftrag, du machst meine Herrlichkeit sichtbar, indem du meiner Stimme und meinem Wort gehorchst, und du schlägst dich tapfer. Ich sage dir das alles, weil ich möchte, dass du dich von ganzem Herzen freuen kannst.*

„Dies alles wollte ich noch sagen, solange ich bei ihnen bin, damit meine Freude auch sie ganz erfüllt“ (Johannes 17,13).

Echte Freude kommt aus der bedingungslosen Hingabe an Gott.

Es ist so ähnlich, wie wenn man ein Pflaster mit einem einzigen Ruck abreißt: Zuerst fürchtet man sich vor dem Schmerz, aber sobald man es geschafft hat, sich Gott mit Haut und Haaren anzuvertrauen und jedes Recht auf die Erfüllung eigener Wünsche aufzugeben, spürt man eine ungeheure Befreiung:

Alles, worüber ich mir vorher Sorgen gemacht hatte, schien plötzlich gar nicht mehr so wichtig zu sein.

Alles, wovor ich mich immer gefürchtet hatte, flößte mir längst nicht mehr so viel Angst ein wie früher.

Alles, was ich mir vorher gewünscht hatte, war irgendwie verblasst.

Und es erschien mir geradezu albern, in irgendeiner Hinsicht am Herrn des Universums zu zweifeln.

Ich hatte das Gefühl, als hätte Gott mich in eine andere Realität versetzt – als hätte er begonnen, eine neue Geschichte für mein Leben zu schreiben. Diese Geschichte würde ihren Höhepunkt erreichen, wenn ich ihn von Angesicht zu Angesicht sah. Er selbst war die Hauptperson, und ich würde mich in allem an ihm orientieren. Wenn ich bereit sein würde, auf ihn zu hören und ihm zu gehorchen, würde er mir wichtige Aufgaben übertragen. Und solange ich mich nach ihm richtete, würde ich einen Frieden spüren, der durch nichts übertroffen werden könnte.

Wenn ich das alles hier und jetzt wieder aufleben lassen könnte, würde sicherlich etwas passieren. Und zwar etwas, das viel bedeutsamer wäre, als dass ich von anderen Leuten akzeptiert werde, dass ich mir beim Einkaufen einen Wunsch erfülle oder übers Internet soziale Kontakte pflege. Ja, es würde sogar so hohe Ziele wie Glück und Gesundheit übertreffen. Denn ich könnte beobachten, wie Gott selbst durch mich wirkt – wie er mich als Kanal benutzt, um meine Mitmenschen zu erreichen. Wie er mich und andere aufrüttelt, indem er uns daran erinnert, worauf es wirklich in diesem Leben ankommt. Und wir würden begreifen, dass wir an etwas beteiligt sein dürfen, das kein Verfallsdatum hat.

Gebete, mit denen wir uns Gott völlig ausliefern, lassen uns zu Akteuren einer großartigen Geschichte werden. Der Autor dieser Geschichte schreibt den Beteiligten ihre Rolle genau auf den Leib und macht sie zu Helden, auch wenn sie sich manchmal eher unbedeutend vorkommen.

Auf tausenderlei Weise – während wir Windeln wechseln, E-Mails beantworten oder Rechnungen bezahlen – sollen wir die Welt auf den allmächtigen Gott aufmerksam machen. In unserem ganz normalen Alltag soll Jesus Christus erkennbar werden. Da Gott uns als schwache, menschliche Wesen geschaffen hat, müssen wir jeden Tag essen, schlafen, duschen, aufräumen und an unseren Beziehungen arbeiten. Und wir sollen keineswegs davor zurückschrecken, sonntagnachmittags Fußball zu schauen, mit einer Freundin Kaffee zu trinken, für einen kranken Nachbarn Essen zu kochen, den Hund auszuführen, einen unbefriedigenden Job zu erledigen, der uns unsere eigene Unzulänglichkeit bewusst werden lässt, oder jemanden um Verzeihung zu bitten, den wir beleidigt haben. Das alles gehört nämlich zu unserer Berufung dazu.

Lassen Sie sich also bereitwillig auf alle Pflichten und Herausforderungen Ihres Alltags ein. Denn genau in diesen scheinbar unbedeutenden Situationen formt Gott unseren Charakter. Und keine einzige Person, die von ihm auf besondere Weise gebraucht wurde, konnte diesen Prozess überspringen. Auch diese Männer und Frauen haben das Banale zu etwas Besonderem gemacht, indem sie ihre Nachbarschaft in ein Missionsfeld verwandelt und in der Kindererziehung bereits die nächste Generation von Mitarbeitern Gottes ausgebildet haben. Anstatt lediglich irgendwelche Akten zu bearbeiten, haben sie sich um die Nöte der Bedürftigen gekümmert, und durch ihre Tätigkeit wurde klar ersichtlich, wie sehr Gott jeder einzelne Mensch am Herzen liegt.

Jesus sagt, dass wir unseren himmlischen Vater verherrlichen, indem wir genau die Arbeit tun, die er uns aufträgt. Und er selbst hat es während seiner Zeit auf dieser Erde genauso gemacht.

Wenn wir unsere Rolle in Gottes gewaltiger Geschichte einnehmen, stellen wir irgendwann freudig erstaunt fest, dass wir genau dafür geschaffen worden sind.

■ ■ ■

Ich mag keine Patentrezepte. Und die Aussage, dass wir die Lösung all unserer Probleme in Jesus Christus finden können, hat sich für mich immer so angehört. Zwar hätte ich das nie laut gesagt, denn ich glaubte ja durchaus, dass Jesus imstande ist, das Chaos in meinem Innern zu sortieren. Aber ich hatte keine Ahnung, was ich tun musste, damit das auch tatsächlich geschah und ich anschließend einen Unterschied spüren konnte.

„Jennie, die meisten Christen denken, dass es einen Mittelweg geben muss, auf dem man ein ganz normales Leben führen und Gott trotzdem dienen kann“, sagte Jessica eines Abends zu mir. Wir hatten uns in meinem Wohnzimmer bis in tief in die Nacht darüber unterhalten, wieso es eigentlich so schwer ist, sich Gott rückhaltlos zu verschreiben, und wieso wir nur so wenige Leute kennen, die diese

Entscheidung auch wirklich in die Praxis umsetzen. Jessica ist für uns wie ein Familienmitglied; sie geht bei uns ein und aus und verhindert immer wieder, dass wir im Chaos unserer unzähligen persönlichen und familiären Herausforderungen versinken.

Während Jessica redete, merkte ich, dass ich mir immer noch wünschte, ich könnte mich der Mehrheit der Christen anschließen. Denn lange Zeit hatte ich ja genau dasselbe wie sie geglaubt. Da fielen mir jedoch die Worte aus Katies Blog wieder ein, wo sie ihren Versuch, ein ganz durchschnittliches Leben zu führen, beschrieben hatte:

„ABER ich liebte Jesus."

Wo Jesus ins Spiel kommt, bleibt nichts mehr wie vorher. Sondern alles, was wir uns so schön ausgedacht haben, wird auf den Kopf gestellt.

C. S. Lewis sagt über den Sohn Gottes: „Jesus wurde nie als bloßer Moralprediger angesehen. Niemals hatten die Menschen, die ihm bei Lebzeiten begegneten, diesen Eindruck von ihm. Sein Auftreten erregte bei ihnen entweder Hass – oder Erschrecken – oder Bewunderung; mildes, neutrales Wohlwollen gab es nicht."[8] Der Mittelweg, den wir uns wünschen, existiert einfach nicht.

Ganz oder gar nicht

In der Bibel sehen wir immer wieder, dass man geradezu tollkühn, wenn nicht sogar verrückt sein muss, um Gott zu vertrauen: Mose sollte einen Stab übers Rote Meer halten; Josua befahl den Israeliten, siebenmal um eine Mauer zu marschieren und anschließend laut zu schreien; David hat ein paar Steine aufgelesen, um damit einen Riesen zu töten; und die Jünger haben gewartet, bis sie von einem himmlischen Geist erfüllt wurden, bevor sie irgendetwas unternahmen. All das erforderte ein beinah törichtes Maß an Vertrauen auf eine Person – nicht auf irgendeine Religion oder schöne Idee. Obwohl diese

Leute von ihren Mitmenschen als ziemlich unvernünftig betrachtet wurden, haben sie sich unbeirrt auf das verlassen, was sie über den Charakter Gottes und seine Führung wussten.

Gottes Wege sind bis heute oft nicht einleuchtend, und wer ihm folgen will, muss ihm eine ganze Menge zutrauen. Er muss glauben, dass Gott gut ist, auch wenn vieles uns vom Gegenteil überzeugen will, und dass er für jeden Einzelnen von uns einen individuellen Plan hat. Wir glauben nämlich an ein geistliches Wesen, das uns geistliche Aufgaben überträgt, die wir mit unserem Verstand nicht immer nachvollziehen können.

Der beste Vergleich, der mir dazu einfällt, ist die Fernsehshow „The Biggest Loser", wo mehrere übergewichtige Kandidaten darum wetteifern, wer innerhalb einer bestimmten Zeit am meisten abnehmen kann. In den Wochen, die sie im Trainingscamp verbringen, werden die Kandidaten immer wieder vor ziemlich krasse Herausforderungen gestellt. Wahrscheinlich müssen sie bei ihrer Ankunft einen Vertrag unterschreiben, in dem sie sich dazu verpflichten, alles zu tun, was von ihnen verlangt wird. Wenn sie jedoch bereit sind, ihren Trainern blind zu vertrauen, kommen sie ihrem Ziel Schritt für Schritt näher. Aber es ist unglaublich hart.

Für die Jünger war es ebenfalls nicht leicht, Jesus nachzufolgen. Sie wurden bis an ihre Grenzen strapaziert und dann auch noch dafür verspottet, dass sie diesem merkwürdigen Rabbi nachliefen. Als manche sich von ihm abwandten, weil ihnen der Preis einfach zu hoch war, schaute Jesus die zwölf Jünger an und fragte: „Wollt ihr auch weggehen und mich verlassen?" (Johannes 6,67)

■ ■ ■

Eines Abends, als Bekah und ich Sushi aßen, unterhielten wir uns darüber, wie viel es uns in letzter Zeit gekostet hatte, Gott zu gehorchen. Bekah und Brandon leiteten einen Bibelkreis, in dem das Thema

„Ehe“ durchgenommen wurde. Einige Freunde und Nachbarn waren nur deshalb zu diesem Kreis gestoßen, weil Bekah und Brandon sich seit Jahren unermüdlich um sie gekümmert hatten.

Ich erkundigte mich, wie sie mit ihrer Aufgabe zurechtkamen, worauf Bekah in der für sie typischen Dramatik antwortete: „Das Schwerste daran ist, dass ich faul und egoistisch werde … dass die Welt um uns herum manchmal so verlockend ist … dass mich das Vergängliche so magisch anzieht … dass ich dem Teufel nicht immer widerstehen kann … dass ich immer wieder sündige!“

Lachend gab ich ihr recht.

Als die Jünger immer mehr unter Druck kamen, hat Jesus sie gefragt, ob sie jetzt auch weggehen wollten. Daraufhin hat Petrus den Kopf geschüttelt und erwidert: „Herr, zu wem sollten wir denn gehen?“ (Johannes 6,68)

Wohin sollen wir gehen, wenn nicht zu Jesus?

Gott ist doch der eigentliche Zweck, zu dem wir geschaffen wurden. Wir sollen ganz von ihm erfüllt sein, ihm jede Minute unseres Lebens widmen und den Augenblick herbeisehnen, in dem wir ihm begegnen werden. Nachdem Adam und Eva Gott den Rücken gekehrt und sich ihrem Stolz zugewandt hatten, waren sie verloren und ruhelos – immer auf der Suche nach einer Erfüllung, die sie nur bei Gott finden konnten. Und jeder Einzelne von uns ist ihrem Beispiel gefolgt, denn wir suchen überall nach Glück, ohne jemals zu Gott umzukehren. Dabei hat er sich schon längst überlegt, wie er uns zurückholen kann: indem er für uns stirbt.

Wenn Jesus mich jetzt anblickt und sagt: *Okay, Jennie, jetzt bist du an der Reihe. Gib dein Recht auf deinen eigenen Willen, Glück, Komfort und Anerkennung auf*, dann kann ich nicht anders, als darauf zu reagieren.

Als wir fast fertig mit Essen waren, beugte Bekah sich ein Stück vor und erklärte: „Obwohl ich seit fast dreißig Jahren Christ bin, fange ich erst seit wenigen Jahren an zu begreifen, wie sehr Gott mich liebt. Ich war so darauf getrimmt, alles richtig zu machen, und im Grunde hat Gott nur von mir verlangt, dass ich meine eigenen Vorstellungen aufgebe, vor ihm kapituliere und ihm nachfolge. Das ist eigentlich ganz einfach, aber gleichzeitig auch eine riesige Herausforderung, weil die ganze Welt und sogar die Gemeinde meint, sie wüsste ganz genau, wie ein Christ aussehen und sich benehmen muss. Mit Jesus zu leben, ist dagegen richtig erfrischend!"

Ich weiß, dass wir vor allem zurückschrecken, was uns zu radikal oder kostspielig erscheint. Und ich habe auch einmal geglaubt, ich könnte den goldenen Mittelweg finden. Aber ich bin in einer Sackgasse gelandet und irgendwo in Lucys Wandschrank stecken geblieben, mit dem vagen Gefühl, dass tatsächlich zwei verschiedene Welten existieren. Um ehrlich zu sein, war es dort jedoch ziemlich langweilig und öde. Und seit ich einen Vorgeschmack davon bekommen habe, was es bedeutet, bei einem richtigen Abenteuer dabei zu sein, kann mir der Mittelweg gestohlen bleiben.

Radikale Hingabe lohnt sich nur, wenn es einen Gott gibt, der dieses Opfer auch wirklich wert ist. Indem wir alles loslassen, von dem wir meinen, dass es uns irgendwie helfen oder glücklich machen könnte, werden wir unglaublich beschenkt. Denn sobald wir nach dem Kampf mit unserem eigenen Ego wieder einen klaren Kopf haben, stellen wir fest, dass vor uns eine Person steht – kein Patentrezept, kein Bibelvers oder irgendeine gute Sache. Sondern eine Person.

Sie war schon da, als wir noch mit anderen Dingen beschäftigt waren, aber jetzt können wir sie endlich sehen.

Jesus hat gesagt: „Das alles sage ich euch, damit meine Freude euch ganz erfüllt und eure Freude dadurch vollkommen wird" (Johannes 15,11).

Das Gebet, das Jesus kurz vor seinem Tod gesprochen hat, fasziniert mich so sehr, weil es zeigt, wie Jesus mit seinem Vater redet. Wir bekommen einen Einblick in ihre Beziehung und ihre Liebe zueinander. Jesus hatte keinen anderen Lebenszweck, als seinem Vater zu gefallen.

Und sein himmlischer Vater gab ihm alles, was er brauchte: Weisheit, Führung, Hoffnung, Sinn, Liebe und eine vollkommene Beziehung. Die Art und Weise, wie diese beiden miteinander umgehen, die Freude des Vaters darüber, dass Jesus sich ihm in allem unterstellt, und die Liebe und Hingabe, die Jesus seinem Vater entgegenbringt, sind irgendwie ansteckend.

„Wir lieben, weil Gott uns zuerst geliebt hat" (1. Johannes 4,19), erklärt der Apostel Johannes.

Wenn wir nicht lieben oder keinen Frieden und keine Freude spüren, dann liegt das daran, dass wir *seine* Liebe, *seinen* Frieden und *seine* Freude noch gar nicht kennen. Denn Gott ist eine Person – kein Wundermittel, das man einnimmt, um seine Seele zu heilen. Lassen Sie mich das noch einmal ausdrücklich wiederholen: Der Herr über das Universum ist eine Person. Eine Person, mit der Sie reden und der Sie zuhören, die Sie lieben und respektieren. Jemand, für den Sie sich ganz bewusst Zeit nehmen und den Sie an Ihren Träumen teilhaben lassen. Jemand, dem Sie folgen, von dem Sie lernen, dessen Schmerz Sie teilen und den Sie um manches bitten. Jemand, dem Sie den allerhöchsten Stellenwert einräumen. Gott ist eine Person – und zwar die einzige, die mein Leben definiert, es vollkommen erfüllt und mich verändert. Sofern ich es zulasse.

Jeder von uns sehnt sich nach Freiheit, Freude und Frieden, doch wenn es darum geht, sich Gott ganz zu ergeben, zögern wir meistens. Aber es gibt keinen anderen Weg, auf dem wir das erreichen, was Gott uns versprochen hat.

Der Sprung

Als ich noch auf der Highschool war, ging ich einmal mit einigen Freunden zum Strand. Ich hatte immer davon geträumt, Bungee-Jumping zu machen (damals war ich noch ziemlich klein und dumm).

Zuerst mussten wir alle unterschreiben und bezahlen. Und während ich unten vor dem Turm stand, die Broschüre las und mit meinen Freunden herumalberte, schien alles ganz einfach zu sein. Es schien nicht viel Überwindung zu kosten.

Dann mussten wir einzeln den Turm hinaufsteigen. Man lässt seine Freunde, das Gelächter und die Sicherheit des Bodens zurück, und wenn man oben angekommen ist und zögernd hinunterblickt, wird einem klar, dass es ernst ist. Man muss tatsächlich springen. Soviel ich weiß, ist es nicht erlaubt, dass andere einem einen Stoß geben. Darum blieb mir nichts anderes übrig, als die Worte wahr zu machen, die ich unten auf dem Boden so leichtfertig ausgesprochen hatte. Ich musste tatsächlich springen und mich hundertprozentig auf meinen Gurt und den achtzehnjährigen Typen verlassen, der ihn mir umgeschnallt hatte.

Es gibt einen Punkt, an dem auf unsere Worte Taten folgen müssen und unser Glaube sich in unserem Leben bewahrheiten muss.

Sprechen wir mehr über Gott, als dass wir ihm gehorchen? Wir können nämlich nicht damit rechnen, dass er einmal zu uns sagen wird: „Vielen Dank, dass du deinen Freunden so ausführlich erzählt hast, was du einmal für mich tun willst. Das war echt großartig!" Viele von uns haben an Bibelkreisen, Freizeiten oder Gottesdiensten teilgenommen und dabei große Töne gespuckt, was sie alles ändern und wie sie Gott künftig noch besser dienen wollen, um gleich darauf wieder in ihren alten Trott zurückzufallen.

Veränderung ist eine merkwürdige Sache: Sie kann nur stattfinden, wenn man tatsächlich etwas ändert.

Aber soll ich Ihnen sagen, was an bedingungsloser Hingabe so faszinierend und unbegreiflich ist? Nicht die Freunde, die auf dem Boden herumalbern und in der Broschüre lesen, spüren das wahre Leben. Sondern derjenige, der oben auf dem Turm steht – der nur ein einziges Ziel vor Augen hat, alles auf eine Karte setzt, völlig von anderen abhängig ist und sein Herz hämmern hört, erfährt am eigenen Leib, wie sich das wahre Leben anfühlt.

Für einen unsichtbaren Gott muss man alles riskieren. Denn unser Gott gibt sich nicht mit dem zweiten Platz zufrieden – er will unser Ein und Alles sein. Und wenn wir auf einem hohen Turm stehen, sind wir vollkommen auf ihn angewiesen.

Es wäre viel leichter, auf dem Boden zu bleiben. Aber auch im Hinblick auf das, was noch kommen wird? Angesichts eines Gottes, der uns überschwänglich liebt und uns eine ewige Berufung schenken will? Wenn wir darüber nachdenken, wird uns bewusst, dass jedes Zögern geradezu lächerlich wäre.

Wir springen, weil er gesprungen ist. Jesus hat inständig für uns gebetet – für unsere Freude, unseren Auftrag und unsere Zukunft mit ihm … und vierundzwanzig Stunden später ist er an einem Kreuz für uns gestorben. Trotz allem empfand er echte Freude, weil er, indem er sein Leben opferte, die ganze Menschheit wieder mit sich versöhnt hat. In seinem Tod war Leben.

Der Weg zum Leben und zur Freiheit ist der Tod. „Wir wissen doch: Unser alter Mensch wurde mitgekreuzigt, damit der von der Sünde beherrschte Leib vernichtet werde und wir nicht Sklaven der Sünde bleiben" (Römer 6,6; EÜ).

Das Problem bei der Nachfolge ist, dass Jesus die Dinge genau andersherum anpackt. Und um ihm zum Kreuz zu folgen, müssen wir springen: Wir müssen restlos vor ihm kapitulieren und ihm unser ganzes Leben anvertrauen. Aber in diesem Akt des Sterbens werden wir wahres Leben und wahre Freiheit finden.

Genau dieses Leben will ich haben: das Leben, das ich spüre, wenn ich mit klopfendem Herzen auf einem Turm stehe, wo Gott mit mir Geschichte schreibt.

Bessere Träume: »19

Sich selbst verschenken

Als der ältere meiner beiden Söhne neun Jahre alt war, interessierte er sich brennend für Sportwagen. Er kannte sämtliche Modelle von Porsche und Lamborghini, und wenn er ganz selbstverständlich davon sprach, dass er auch einmal so einen Wagen für rund 300 000 Dollar besitzen wollte, wurde mir immer ein bisschen schwummrig. Das lag nicht in erster Linie daran, dass diese Autos so teuer sind – ich habe ja selbst einige Sachen, die viel zu viel gekostet haben (wenn auch nicht annähernd so viel wie ein Sportwagen), und außerdem ist teuer ein relativer Begriff. Sondern ich wünschte mir einfach, dass Conner sich nicht mit materiellen Dingen zufriedengeben würde. Metall kann uns nämlich nicht auf Dauer glücklich machen. Durch Gottes Erlösung hat unser Leben doch ein anderes Ziel bekommen: Anstatt möglichst viel zusammenzuraffen, sollen wir uns selbst an andere verschenken. Und solange unser Lebenszweck noch darin besteht, möglichst viele materielle Dinge anzuhäufen, werden wir innerlich immer auf der Suche sein.

Es ist nicht töricht, wenn wir bereit sind, uns von allem zu trennen, was wir besitzen. Denn eines Tages werden wir diese Dinge sowieso verlieren, ganz gleich, wie sehr wir uns jetzt noch an sie klammern. Ich kann Ihnen versichern, dass Gott all das, was Sie ihm zur Verfügung stellen, zu einem sinnvollen Zweck gebrauchen wird. Er wird es nicht auf einem Altar in Flammen aufgehen lassen, weil er an sinnlosen Opfern absolut keine Freude hat. In Hosea 6,6 steht: „Wenn jemand mir treu ist, so ist mir das lieber als ein Schlachtopfer. Und wenn jemand mich erkennen will, freut mich das mehr als jedes Brandopfer!"

Gott liegen so viele Menschen am Herzen, die etwas brauchen, was wir ihnen geben können. Im Grunde schaut er sich dauernd auf diesem Planeten um, zeigt in eine bestimmte Richtung und sagt zu uns: *Da drüben – investiere dich genau dort.* Und wenn wir hingehen und genau das tun, was Gott uns aufträgt, merken wir, wie seine Liebe und seine Kraft auf uns überspringen. Es ist ein unglaubliches Vorrecht, sich so nahe an Gottes Herzen bewegen zu dürfen! An der Aufforderung, sich um arme, verwaiste und verwitwete Menschen zu kümmern, kommt man in der Bibel nirgends vorbei: „Das will ich euch sagen: Was ihr für einen meiner geringsten Brüder getan habt, das habt ihr für mich getan!" (Matthäus 25,40) „Wer den Armen unterdrückt, verhöhnt dessen Schöpfer. Wer dem Hilflosen beisteht, der ehrt Gott" (Sprüche 14,31).

Wir sind Gottes Hände und Füße, die seinen Willen ausführen sollen. Er hat uns dazu geschaffen, seine Liebe und Fürsorge zum Ausdruck zu bringen. In Johannes 15, wo Jesus beschreibt, wie eng Gott und Mensch miteinander verbunden sein sollen, wird das ganz deutlich. Jesus sagt hier ungefähr: „Bleibt ganz nah beim Vater und bei mir, weil ihr unsere Hände und Füße seid … Ihr seid die Zweige, an denen unsere Früchte wachsen sollen. Und durch diese Früchte, die ihr an andere verteilt, werden mein Vater und ich geehrt. Unsere Herrlichkeit soll auf dieser Welt sichtbar werden" (vgl. Johannes 15,1-11).

Früher war es mir unangenehm, wenn ich gebeten wurde, irgendetwas herzugeben. Doch das hat sich geändert: Inzwischen möchte ich es auf keinen Fall verpassen, an einer Sache beteiligt zu sein, die bis in den Himmel reicht. Ja, es ist mir geradezu ein Bedürfnis, meine Besitztümer, mein Geld und meine Energie an diejenigen zu verschenken, die Gott in mein Bewusstsein rückt. Denn ich will, wenn ich einmal im Himmel bin, nicht beschämt erkennen müssen, was ich mir alles habe entgehen lassen, nur weil ich zu gleichgültig, egoistisch oder ängstlich gewesen bin.

Ich habe Jesus mein Leben übergeben, weil ich auf ihn vertraue und weil ich Freiheit und Hoffnung nur bei ihm finden kann. Doch um es ganz klar und deutlich zu sagen: Damit ist diese Geschichte noch nicht zu Ende. Sondern er wird etwas mit meinem Leben anfangen. Er hat sich schon genau überlegt, wozu er es benutzen will.

Und dieses Opfer ist keineswegs sinnlos. Denn Jesus nimmt das, was wir ihm geben, und verteilt es an andere, die in Not sind. Und wenn unser Überfluss dorthin gelangt, wo Menschen verletzt sind, nicht genug Wasser oder Essen haben oder Gottes Liebe brauchen, wird uns plötzlich klar: Was wir bisher für wichtig gehalten haben, zählt eigentlich gar nicht.

Überzählige Betten

Es gibt eine Bewegung, die unter den Christen in den USA immer mehr Anklang findet, da uns allmählich bewusst wird, dass wir für etwas viel Größeres als den Traum von einem guten Leben geschaffen wurden. Wir akzeptieren, dass uns der Wunsch, anderen zu helfen – insbesondere, wenn es sich um Menschen handelt, die am Rande der Gesellschaft stehen –, durchaus etwas kosten kann. Zum einen in finanzieller Hinsicht, aber auch, was unsere Bequemlichkeit angeht. Das Motto dieser Bewegung lautet: „Tu etwas".

Zweifellos werden wir Gott besser kennenlernen, wenn wir über den Rand unserer Bequemlichkeit schauen und uns für den Sprung ins Ungewisse bereit machen. Denn in solchen Situationen können wir sein Herz und seinen Geist viel deutlicher spüren. Ich weiß inzwischen, wieso mein Professor damals behauptet hat, die einzige Methode, die uns mit hundertprozentiger Sicherheit dem lebendigen Gott näher bringe, bestehe darin, alles auf eine Karte zu setzen. Gott wartet nämlich oft direkt hinter unseren eng gezogenen Grenzen auf uns.

Aber die Botschaft der Bibel beschränkt sich trotzdem nicht darauf, dass wir etwas *tun* sollen – so großartig und ehrenwert diese Taten auch sein mögen. Denn nur, indem wir uns Gott bedingungslos anvertrauen, wird unser durchschnittliches Leben, das uns vielleicht sehr eintönig, langweilig und rastlos erschienen ist, einen atemberaubenden Sinn erhalten.

Als Conner von teuren Sportwagen schwärmte, wünschte ich mir so sehr, er hätte größere und bessere Träume – Träume, die sich nicht nur um ein Stück Blech drehten, das einmal verrosten wird. Ich wünschte, er würde stellvertretend für andere Menschen träumen: für einen Jungen, der nicht zu hoffen wagt, er könnte jemals einen 10-Dollar-Fußball besitzen, oder für diejenigen, die nicht einmal ahnen, dass es einen Gott gibt, der sie sieht. In solchen Träumen können wir uns ruhig bis zu 300 000 Dollar hinaufschwingen … Und das ist kein Gebot und keine lästige Pflicht, sondern eine besondere Freude.

Was Gott mir schenkt, soll ich großzügig an andere verteilen. Ich soll ein Kanal sein, durch den Gottes Reichtum zu anderen fließt. Natürlich darf ich behalten, was ich selbst zum Leben brauche, und Gott gönnt mir auch schöne Erfahrungen und eine Menge Spaß. Aber meine Hände, meine Füße, meine finanziellen Mittel und alles andere, was mir zur Verfügung steht, soll dazu beitragen, dass andere Menschen gerettet, geliebt und geheilt werden. Vater Kaj Munk hat das so gut auf den Punkt gebracht:

> *Was ist daher heute unsere Aufgabe? Soll ich antworten: „Glaube, Hoffnung und Liebe"? Das klingt schön. Ich wäre*

aber eher für – Mut. Nein, selbst das ist nicht herausfordernd genug, um die ganze Wahrheit zu sein. Unsere Aufgabe heute heißt Kühnheit. Uns Christen mangelt es nämlich nicht an Psychologie oder Literatur … uns mangelt es an heiligem Zorn – jener Kühnheit, die aus dem Wissen um Gott und die Menschheit herrührt. An der Fähigkeit zu wüten, wenn die Gerechtigkeit darniederliegt und die Lüge über das Angesicht der Erde tobt … an heiligem Zorn gegen das, was auf dieser Welt falsch läuft. Wüten gegen die Ausplünderung von Gottes Erde und gegen die Zerstörung von Gottes Welt. Wüten, dass kleine Kinder hungers sterben müssen, wenn sich zugleich die Tische der Reichen unter der Last des Essens biegen. Wüten gegen die sinnlose Ermordung so vieler Menschen. … Wüten gegen Gleichgültigkeit. Unablässig jene Kühnheit zu suchen, welche die Menschheitsgeschichte zu ändern trachtet – so lange, bis sie den Normen von Gottes Reich entspricht.[9]

Wir wünschen uns immer wieder, dass Gott Leid und Armut abschafft. Dabei hat er *uns* alles Notwendige an die Hand gegeben, um diese Aufgabe zu erledigen. Er möchte, dass wir uns ihm uneingeschränkt zur Verfügung stellen, damit er uns so gebrauchen kann, wie er es für richtig hält. Glauben Sie mir: Es gibt nichts auf der Welt, das spannender und erfüllender wäre, als sich von einem barmherzigen Gott gebrauchen zu lassen, der genau weiß, wo jeder von uns am besten hinpasst.

Zac und ich durften miterleben, wie viele von unseren Freunden es gewagt haben, sich Gott bedingungslos auszuliefern. Ihr Leben hat daraufhin einen ganz neuen Sinn bekommen, weil Gott ihnen gezeigt hat, wie sie ein Kanal für seine Liebe sein können. Bekannte von uns, die ein Ausbildungsinstitut für Kosmetikerinnen und Friseurinnen leiten, haben sich überlegt, wie sie Frauen in Ruanda unterstützen könnten. In solchen Ländern hilft man Frauen oft am besten, indem man sie befähigt, den Lebensunterhalt für ihre Familie zu verdienen. Deshalb werden unsere Bekannten demnächst eine Zweigstelle ihres Instituts in Afrika eröffnen. Und künftig werden dort viele Ruanderinnen einen Beruf erlernen und so ihrer Familie eine Zukunft ermöglichen können. Für unsere Bekannten war es gar nicht so schwer, diese Sache anzukurbeln, weil sie sich aus ihrer persönlichen Situation fast von selbst ergeben hat. Auf dieser Welt existieren Tausende von kreativen Möglichkeiten, wie wir uns selbst an andere verschenken können. Und Gott wartet nur darauf, dass wir eine dieser Gelegenheiten beim Schopf ergreifen.

Schließlich leben wir in einer Zeit, in der wir nicht so tun können, als wüssten wir nichts über die Armut auf dieser Welt: Durch Internet und Fernsehen sind wir mehr als jede andere Generation darüber im Bilde. Und eigentlich ist uns doch klar, dass viele Menschen elend zugrunde gehen, während wir zwei Autos und ein leeres Gästezimmer besitzen und uns ständig Sorgen um unsere Figur machen. Ist es da nicht ein großartiges Vorrecht, dass wir in der Lage sind, wenigstens einem einzigen Bedürftigen zu helfen?

Überall gibt es Menschen, die sowohl körperliche als auch geistliche Nöte haben. Wo schickt Gott Sie hin, damit Sie Ihren Überfluss an andere weitergeben? Die Vision, die Gott mir in der Nacht vor meinem Geburtstag geschenkt hat, hängt damit zusammen, dass viele Menschen in geistlicher Hinsicht verhungern. Durch mein Theologiestudium und durch großartige Gemeinden und Mentoren habe ich eine Menge geistliche Nahrung erhalten, die ich an andere austeilen kann. Und für viele von Ihnen, die dieses Buch lesen, gilt genau dasselbe. Sie sind praktisch in der Kirche aufgewachsen und haben schon an so vielen Seminaren teilgenommen, dass Sie aus einem reichen Vorrat schöpfen können. Allerdings erlaubt Gott nicht, dass wir anderen nur in geistlicher Hinsicht dienen. Sondern er fordert uns klar und deutlich auf, unsere materiellen Besitztümer herzugeben, um anderen ganz praktisch zu helfen. Jesus selbst waren nämlich die geistlichen *und* die physischen Nöte der Menschen so wichtig, dass er sich während seiner Zeit auf dieser Erde nicht geschont hat. Wäre es nicht fantastisch, wenn man von unserer Generation dasselbe sagen könnte?

Wir lieben, weil er uns zuerst geliebt hat.

Wir opfern Gott unsere ichbezogenen Wünsche, weil Jesus es uns vorgemacht hat.

Wir verschenken uns an andere, weil Jesus uns mit gutem Beispiel vorangegangen ist.

Mein Sohn Conner, der schnelle Autos so toll findet, ist inzwischen elf Jahre alt. Er war dabei, als wir in Ruanda diesen vier außergewöhnlichen Männern begegnet sind. Und er hat miterlebt, wie Jungs in seinem Alter, die von der Straße hereinkamen, um eine warme Mahlzeit zu essen, sich erst einmal von ganzem Herzen bei Gott für dieses Essen bedankt haben. Er hat mich begleitet, als wir seinen neuen Bruder in einem düsteren Waisenhaus abgeholt haben, wo es noch hundert andere Kinder gab, die an diesem Tag nicht zu einer neuen Mama und einem neuen Papa ins Auto steigen konnten.

Als wir wieder zu Hause waren, ging ich ein Stück mit Conner spazieren. Er war derjenige von uns gewesen, der sich am wenigsten dafür erwärmen konnte, einen kleinen Jungen in unsere Familie aufzunehmen. Ich weiß noch genau, wie er ganz frustriert zu mir gesagt hatte: „Ich will ja, dass man diesen armen Kindern hilft, Mama, aber das ist trotzdem ein ziemlich großer Brocken für mich." Immerhin würde er bald ein Teenager sein, und die Aussicht, sein Zimmer mit einem Kleinkind teilen zu müssen, begeisterte ihn nicht besonders – zumal er generell nicht sehr erpicht auf Veränderungen war. Und nun entglitt ihm sozusagen sein ganzes Leben, und er verlor auch noch seine Sonderstellung als einziger Sohn.

Als ich ihn jedoch am Tag unserer Rückkehr aus Afrika fragte, wie er sich fühlte, platzte es aus ihm heraus: „Mama, ich habe ja gar nicht gewusst, wie gut ich es habe! Aber jetzt habe ich verstanden, warum ich so reich bin, und ich möchte, dass Gott mich benutzt. Ich bin nämlich für das verantwortlich, was Gott mir gibt, und er will, dass ich es denen gebe, die nicht so viel haben."

Mein Sohn träumt jetzt größere und bessere Träume.

Rückenwind: » 20

Alles ist anders

Ich schloss meine Augen, während um mich herum ein entsetzlicher Krach herrschte. Meine vier Kinder schrien aus voller Kehle, weil sie von meinem Mann mit lautem Gebrüll durchs Haus gejagt wurden. Jeder wusste, dass er erbarmungslos gekitzelt würde, wenn er sich fangen ließ. Deshalb rannten alle vier, so schnell sie nur konnten. Und der kleine Cooper, dessen Beine so kräftig und gesund waren, dass sie schon lange keine Schienen mehr benötigten, war mit Abstand der Schnellste. Ich hatte eigentlich gerade zur Tür hinausgehen wollen, um die letzten Kapitel dieses Buches fertig zu schreiben. Vorher wollte ich dieses fröhliche Chaos allerdings noch für einen Moment auf mich wirken lassen. Kaum zu glauben, dass ein einfaches, kurzes Gebet unser Leben so sehr verändert hatte.

Innerhalb von zwei Jahren war alles anders geworden. Im Lichte eines dunkelhäutigen, aufgeweckten Jungen war unsere Familie geradezu aufgeblüht. Ursprünglich hatte ich geglaubt, wir würden um seinetwillen große Opfer bringen müssen, doch stattdessen hatte er unser Haus mit neuem Leben und neuer Freude erfüllt. Mit seinem sonnigen Wesen eroberte er alle Leute im Sturm, und als er bei uns eintraf, hatte er jede Menge Begeisterung im Gepäck. Dass er sich so fantastisch in unsere Familie eingefügt hat, ist für mich der größte Beweis von Gottes Gnade, den ich jemals mit meinen eigenen Augen gesehen habe.

Ich hatte einen neuen Job – sogar einen ziemlich anspruchsvollen, bei dem ich beinahe täglich nach Worten suchte, um noch besser von Jesus reden zu können. Andererseits sollte ich auch einem kleinen Jungen beibringen, wie man eine Gabel benutzt und richtig Englisch spricht. Zwischen dieser Aufgabe und dem Versuch, wichtige geistliche Prinzipien in Worte zu fassen und meine jeweiligen Termine einzuhalten, war ich ständig hin- und hergerissen. Und mir war klar, dass ich keiner dieser beiden Anforderungen wirklich gerecht wurde. Aber ich spürte trotzdem einen tiefen Frieden, denn ich wusste, dass ich genau das tat, wozu Gott mich – zumindest für eine kleine Weile – an diesen Platz gestellt hatte. Ich verwirklichte, was er sich für mich ausgedacht hatte, indem ich meine Augen fest auf ihn gerichtet hielt. Alles war im Lot, obwohl ich bis heute immer wieder gegen ein Gefühl der Unzulänglichkeit und Furcht ankämpfen muss. Dass Gott uns so sehr mit seinem Segen überschütten würde, hätte ich mir vor zwei Jahren niemals träumen lassen.

Auch in unserer Gemeinde hat sich inzwischen vieles verändert. Als Zac Gott fragte, wie seine eigene Zukunft und die der Gemeinde aussehen würde, hat Gott ihn in eine ganz neue Richtung geführt: Gemeinsam mit den übrigen Verantwortlichen hat Zac darüber nachgedacht, ob sie sich einer anderen Gemeinde angliedern sollten. In unserer Stadt gibt es noch eine Gemeinde, die missionarisch sehr aktiv ist, und durch einen Zusammenschluss würden sicher noch mehr Menschen mit dem Evangelium erreicht werden können. Zac hatte sechs Jahre vorher die Vision gehabt, dass seine Gemeinde einmal aus lauter Missionaren bestehen würde. Und nun sah es ganz so aus, als ob sich diese Vision am besten verwirklichen ließ, indem er die Leitung an andere abgab. Da er sich jahrelang in unsere Gemeinde investiert hatte, fiel ihm diese Entscheidung sehr schwer. Im Hinblick auf das, was in Ewigkeit zählt, war er jedoch bereit, neue Wege zu gehen – obwohl er noch nicht wusste, was auf ihn zukommen würde.

Unsere familiären Prioriäten verschoben sich ebenfalls immer wieder. Wir erwogen, in ein günstigeres Haus umzuziehen und uns auch sonst in finanzieller Hinsicht einzuschränken (indem wir beispielsweise auf Kabelfernsehen verzichteten). Zac wollte nämlich auch in Zukunft mit unseren Kindern nach Afrika fliegen können. Und ich wollte lieber so viele arme Kinder wie möglich unterstützen, als uns selbst mit jedem erdenklichen Komfort zu umgeben.

Obwohl sich in unserem Leben so unglaublich viel getan hatte, waren es nicht einmal die äußeren Veränderungen, die uns am nachhaltigsten beeinflussten. Wir spürten, dass ein ganz anderer Wind unsere Segel schwellte. Es war, als ob wir den sinkenden Luxusliner komplett evakuiert hätten und uns jetzt auf einem Kriegsschiff befinden würden. Wir wussten, dass wir in einer wichtigen Mission unterwegs waren, und darum waren wir voller Begeisterung und Leidenschaft bei der Sache. Unser Schiff schoss so schnell vorwärts, dass uns gar keine Zeit blieb, lang und breit über jede Kleinigkeit nachzudenken. Wir mussten nämlich alles daransetzen, um mit dem Tempo, das der Heilige Geist vorgab, Schritt halten zu können. Doch in diesen zwei Jahren hat Gott sich uns deutlicher zu erkennen gegeben als jemals zuvor.

Ursprünglich hatte ich gemeint, wir würden schweres Leid auf uns nehmen und förmlich zu Märtyrern werden müssen. Aber ich hatte mich getäuscht: Gott schien gar nicht genug davon zu bekommen, uns mit seiner Güte zu überschütten. Er schenkte uns eine überschwängliche Freude und einen tiefen Frieden, der uns jeden Tag von Neuem bestätigte, dass er tatsächlich existierte und wir uns genau dort befanden, wo er uns haben wollte. Unserem himmlischen Vater war es nämlich nicht um dramatische Opfer, sondern um unser Herz gegangen. Er forderte nur, dass wir ihm gehorchten – dass wir einem allmächtigen und allwissenden Gott folgten, weil wir ihm blind vertrauten. Und wie sich herausstellte, war dies das faszinierendste Abenteuer, das wir jemals erlebt hatten.

So sieht das wahre Leben aus. Und das hat Jesus gemeint, als er gesagt hat: „Ihr werdet den Heiligen Geist empfangen und durch seine Kraft meine Zeugen sein in Jerusalem und Judäa, in Samarien und auf der ganzen Erde“ (Apostelgeschichte 1,8). Mithilfe meines Geistes werdet ihr die Welt verändern – damit meine Herrlichkeit sichtbar wird. Und dieser Helfer „wird euch an all das erinnern, was ich euch gesagt habe, und euch meine Worte erklären“ (Johannes 14,26).

Gott packt alles ganz anders an, als wir es uns vorstellen. Aber er gibt uns einen klaren Auftrag, und irgendwann merken wir, dass wir genau für diesen Zweck geschaffen wurden.

Durch Jesus wurde Gottes Plan für diese Menschheit erfüllt: In ihm können wir unseren himmlischen Vater erkennen, und weil er für uns gestorben und auferstanden ist, dürfen wir die Ewigkeit in seiner Nähe verbringen. Aber es ist der Heilige Geist, der uns befähigt, Gottes Willen auf dieser Erde auszuführen.

Der Grund dafür, dass man in den heutigen Gemeinden oft kaum etwas vom Heiligen Geist spüren kann, ist nach Zacs Ansicht, dass wir sein Anliegen nicht zu unserem eigenen gemacht haben. Denn wir haben den Heiligen Geist zu einem ganz bestimmten Zweck bekommen: damit wir Gott nicht nur auf dieser Erde, sondern auch im Himmel bekannt machen – wo die Engel den unsichtbaren Krieg zwischen Gut und Böse, zwischen Gott und dem Teufel beobachten, der sich in unserem Leben abspielt. Das hört sich ziemlich fantastisch an, ich weiß.

Jesus wusste, dass seine Jünger nicht in der Lage sein würden, das alles ohne die Hilfe des Heiligen Geistes zu bewältigen. Deshalb wehte an Pfingsten, nachdem Jesus wieder zum Vater gegangen war, plötzlich ein gewaltiger Wind vom Himmel. Der Heilige Geist kam und erfüllte jeden Einzelnen bis in die Fingerspitzen. Und daraufhin begannen diese Männer, die vorher ein ganz durchschnittliches Leben geführt hatten, unerschrocken zu predigen, Kranke zu heilen und Gemeinden zu gründen, die das Evangelium über die lange Spanne von zweitausend Jahren hinweg bis in unsere heutige Zeit tragen würden. Dabei waren die Jünger gar nichts Besonderes – sie hatten sich lediglich dem Auftrag, den Gott ihnen gegeben hatte, hundertprozentig verschrieben und sich vom Heiligen Geist erfüllen lassen.

Vor einiger Zeit ist eine meiner Freundinnen nach Uganda geflogen, um Katie Davis zu besuchen. Als sie wieder zurück war, habe ich sie bestürmt, mir in allen Einzelheiten zu schildern, was sie erlebt hatte. Denn ich war mir sicher, dass Katie bei jedem, der ihr begegnete, einen unauslöschlichen Eindruck hinterlassen würde. Erstaunlicherweise hat mir meine Freundin jedoch gesagt: „Sie ist ein ganz normales Mädchen, Jennie. Du würdest sie bestimmt mögen, aber sie ist ein Mensch wie du und ich." Das heißt also, Katie ist ein ganz gewöhnlicher Mensch, der Ja gesagt hat und sich von einem außergewöhnlichen Gott für außergewöhnliche Aufgaben gebrauchen lässt.

Der Heilige Geist ist der Faktor, mit dem alles steht und fällt. Ohne ihn bleibt jedes noch so radikale Gebet wirkungslos.

Das ist erst der Anfang

Wieder einmal schloss ich meine Augen. Doch diesmal war es um mich herum nicht laut. Vielmehr vernahm ich, wie eine liebe Freundin förmlich um Luft rang. Ein paar Stunden vorher hatte ihr Mann sie samt ihren drei kleinen Kindern verlassen, nachdem er behauptet hatte, er habe weder Gott noch sie jemals wirklich geliebt. Sie war völlig verzweifelt.

In diesem Moment wurde mir bewusst, wie wenig mich meine radikale Hingabe an Gott bisher gekostet hatte. Mir fielen die Gespräche mit meiner Freundin Karen wieder ein, deren erster Mann so unerwartet gestorben war. Es war verständlich, dass sie davor zurückschreckte, sich Gott voll und ganz anzuvertrauen, weil sie befürchtete, er könnte ihr noch einmal so einen schweren Verlust zumuten. Auch die Bilder des Waisenhauses kamen mir in den Sinn. Es waren so viele Kinder gewesen, die an jenem Tag nicht von einer neuen Mutter und einem neuen Vater abgeholt worden waren.

Gott hasst Scheidung und Leid, und er hasst den Tod. Diese Dinge sind unsere Feinde – sie sind nicht das, was Gott sich für uns wünscht. Doch die Geschichte, in der wir mitspielen, ist noch nicht vorbei. Es sind längst noch nicht alle Schlachten geschlagen, weil Gott auf dieser Erde immer noch am Werk ist, um sein Volk zu stärken, sein Reich aufzubauen und den Schaden, den der Feind angerichtet hat, wiedergutzumachen.

Ich zittere, während ich dies schreibe, denn ich frage mich: Wenn Gott zulässt, dass eines meiner Kinder oder mein Mann stirbt, wenn er zulässt, dass ich Krebs bekomme oder dass wir alles verlieren, was wir besitzen, werde ich dann mein Versprechen wieder zurücknehmen? Werde ich mir wünschen, ich hätte nie zu Gott gesagt, er könne mit mir machen, was er will?

Ich war tief beeindruckt, als ich gesehen habe, wie Matt Chandler, ein bekannter Pastor aus Dallas, mit der Diagnose Hirntumor umgegangen ist.[10] Er ist ein Mann, der sich Gott völlig ausgeliefert hat, und zwar schon vor seiner Erkrankung. Durch seine Predigten und übers Internet hat er uns alle an seinem Kampf gegen den Krebs teilhaben lassen. Und wir konnten sehen, dass seine Augen immer noch funkelten, als ob er ein schönes Geheimnis wüsste. Als ob er hinter einen Vorhang blicken könnte und davon überzeugt wäre, dass diese Sache in jedem Fall gut ausgehen wird. Selbst wenn es zum Schlimmsten kommen sollte, würde dieser Schmerz, verglichen mit der Ewigkeit, nur wenige Minuten dauern. Für Matt war der Himmel nicht nur ein Thema, über das er predigte, sondern vor allem die Hoffnung, an die er sich klammerte, das Zuhause, auf das er sich freute, und der Grund, weshalb er dem Tod ruhig ins Auge blicken konnte.

Es gibt noch mehr als das, was wir in diesem Moment wahrnehmen können.

„Vater, ich möchte, dass alle, die du mir gegeben hast, bei mir bleiben. Sie sollen an meiner Herrlichkeit teilhaben. Du hast mir die Herrlichkeit gegeben; denn du hast mich geliebt, längst bevor die Welt geschaffen wurde“ (Johannes 17,24).

Einen Tag nachdem Jesus diese Worte gesprochen hatte, sollte er den schrecklichsten Tod sterben, den wir uns überhaupt vorstellen können. Doch während er mit seinem Vater redete, leuchteten seine Augen so sehr, dass diese Qualen verblassten.

Es war, als ob Jesus uns ebenfalls in ein großes Geheimnis einweihen würde, indem er dem Vater zuflüsterte: „Das alles lohnt sich wirklich. Warte nur ab, bis sie alle bei uns sind und unsere Herrlichkeit sehen können. Es dauert nicht mehr lange, dann muss niemand mehr leiden und sich abmühen, weil wir für immer im Himmel zusammen sein werden. Warte nur ab.“

Bald kommt der Tag, an dem wir unsere Augen schließen werden, ohne dass um uns herum noch irgendein Chaos herrscht. Dann wird niemand mehr predigen oder Bücher schreiben, um uns Gott näherzubringen, weil wir in dieser neuen Welt für immer bei ihm sein werden.

Angesichts all dessen sind unsere Versprechungen, Gebete und Opfer gar nicht der Rede wert. Angesichts einer Ewigkeit und von Gott selbst.

Und was bedeutet das nun für Sie persönlich?

Wie jede Generation vor uns haben auch wir die Chance, Gott unter uns wirken zu sehen – indem wir uns ihm so ausschließlich zur Verfügung stellen, dass es sein Herz berührt. Gott sucht nach Menschen, die ohne Wenn und Aber zu ihm kommen, damit er ihr Leben mit seiner Gegenwart erfüllen kann. Und das möchte ich auf keinen Fall verpassen.

Wenn dann dieses Volk, über dem mein Name ausgerufen ist, sich besinnt, wenn es zu mir betet und von seinen falschen Wegen wieder zu mir umkehrt, dann werde ich im Himmel sein Gebet hören. Ich will ihm alle Schuld vergeben und auch die Schäden des Landes wieder heilen (2. Chronik 7,14; GN).

Bedingungslose Hingabe fängt nicht mit Worten oder selbstlosen Taten an, sondern mit der Liebe. Und zwar, indem wir eine ganz bestimmte Person lieben. „Selbst wenn ich all meinen Besitz an die Armen verschenke und für meinen Glauben das Leben opfere, aber ich habe keine Liebe, dann nützt es mir gar nichts" (1. Korinther 13,1), erklärt der Apostel Paulus.

Jesus Christus begegnen

Die Voraussetzung für jede Hingabe ist, dass wir durch Jesus Christus eine persönliche Beziehung zu unserem Vater im Himmel haben. Jesus sagt: „Ich bin der Weg, ich bin die Wahrheit, und ich bin das Leben! Ohne mich kann niemand zum Vater kommen" (Johannes 14,6).

Als Nächstes muss alles andere, woran unser Herz hängt, hinter dieser Beziehung zurücktreten. Und das kann seine Zeit dauern. Mich hat Gott dreißig Jahre lang bearbeiten müssen, bis ich auf dem Badezimmerboden vor ihm kapituliert habe. Und jeden Tag muss ich mir neu überlegen, ob ich immer noch zu dieser Entscheidung stehe.

Was geschieht, wenn Sie nun ebenfalls an dem Punkt angelangt sind, an dem Sie sich Gott ganz verschreiben wollen – ohne daran irgendwelche Bedingungen zu knüpfen oder sich noch irgendein Hintertürchen offenzuhalten? Wie geht es dann weiter?

Das Gebet

Der Prozess unserer Hingabe an Gott begann schon lange vor jenem bewussten Gebet. Jener Abend, an dem Zac und ich diese einfachen, aber radikalen Worte gesprochen haben, war lediglich ein weiterer Schritt auf unserem Weg mit Gott. Aber es war ein wichtiger Schritt. Denn unser himmlischer Vater möchte, dass wir ihn bitten, das Ruder unseres Lebens zu übernehmen – dass wir aufrichtig vor ihm stehen und sagen: „Hier bin ich. Mach mit mir, was du willst." Gott freut sich über diese mutige Entscheidung. Und wir werden seine Kraft spüren, wenn wir uns jeden Tag vornehmen, bei diesem Entschluss zu bleiben.

Bitten Sie Ihren himmlischen Vater, dass er Ihnen genau zeigt, wo Sie sich mit Ihren Gaben und Möglichkeiten investieren sollen.

Gott redet

Gott spricht in erster Linie durch sein Wort, die Bibel, zu uns. Wenn ich nicht schon in der Bibel gelesen hätte, dass Gott uns befiehlt, uns um arme und verwaiste Menschen zu kümmern, hätte ich auf den Impuls des Heiligen Geistes, ein Kind zu adoptieren, gar nicht reagieren können. Und wenn ich nicht wüsste, was Jesus Christus aus lauter Liebe für mich getan hat, wäre ich nicht bereit, dasselbe für andere zu tun. Durch die Bibel lernen wir den allmächtigen Gott kennen, und deshalb müssen wir sie lesen. Was uns der Heilige Geist sagen will, stimmt immer mit dem geschriebenen Wort Gottes überein. Wir sollen „von seinem Geist und seiner Wahrheit erfüllt" (Johannes 4,23) sein. Beides gehört zusammen, denn wo eines ohne das andere auftritt, handelt es sich entweder um einen falschen Geist oder um eine tote Religion.

Lesen und studieren Sie also die Bibel. Und dann bitten Sie Gott, Ihnen den richtigen Weg zu zeigen. Als Zac und ich merkten, dass Gott uns in eine bestimmte Richtung führen wollte, haben wir keine hörbare Stimme vernommen. Sondern wir spürten einen starken inneren Impuls, der unmöglich von uns selbst stammen konnte. Solche Impulse haben etwas sehr Drängendes, aber sie sind gleichzeitig auch ganz zart und behutsam. Manchmal wissen wir sofort, was Gott meint, und manchmal müssen wir monatelang auf ihn warten und mit ihm ringen, bis der Weg klar und deutlich vor uns liegt. Aber Gott spricht zu jedem Einzelnen von uns, weil es viele Aufgaben gibt, die wir nur erledigen können, wenn wir seine Stimme gehört haben.

Gemeinschaft

Suchen Sie nach Menschen, denen dasselbe Anliegen unter den Nägeln brennt. Keiner von uns kann Jesus alleine nachfolgen, weil wir so geschaffen worden sind, dass wir andere Menschen brauchen. Ohne die Rückendeckung unserer Geschwister werden wir in diesem Kampf nämlich nicht lange durchhalten können. Darum sollten Sie sich einer Gemeinde, einem Hauskreis oder einer anderen christlichen Gruppe anschließen. Seien Sie kreativ – es ist wichtig, dass Sie Leute finden, die Sie unterstützen. Menschen, von denen wir lernen können und die uns immer wieder anspornen, Gott bedingungslos zu gehorchen, sind ein unschätzbares Geschenk.

Gehorsam

Tun Sie, was Gott sagt – ganz egal, was es ist. Sonst werden Sie genau wie Jona, der vor seiner Berufung davongelaufen ist, so lange unglücklich sein, bis Sie sich endlich dazu entschließen, Gott zu gehorchen. Es ist vielleicht hart und kostet Sie unglaublich viel, aber es lohnt sich. Vertrauen Sie darauf, dass Gott alle möglichen Konsequenzen Ihres Gehorsams im Griff hat. Er ist es wert, dass wir für ihn alles andere aufgeben. Solange wir ihn noch auf ein paar geistliche Prinzipien reduzieren, wird die Sehnsucht unserer Seele niemals gestillt werden. Ich habe selbst alles Mögliche ausprobiert, bis Gott schließlich in mein Leben eingegriffen hat. Er hat mich geheilt und das Chaos in meinem Innern sortiert. Seine Gnade übertrifft alles, was wir uns in unseren kühnsten Träumen ausmalen könnten. Dieser Gott ist real, und er ist es wert, dass ich mich ihm ganz anvertraue.

Dein Reich komme, dein Wille geschehe,
wie im Himmel so auch auf Erden!

Dank

Ich hätte mich selbst nie gerettet, weil ich viel zu stolz und egoistisch bin. Und ich hätte weiterhin so getan, als würde ich Gott kennen, wenn er nicht in seiner großen Güte eines Abends an einem Lagerfeuer aufgetaucht wäre und mich erlöst hätte. Herr, du hast dich mir ganz unerwartet gezeigt – bei jener Kreuzigungsszene im Sommercamp, in jener Nacht im Badezimmer und bei zahllosen anderen Gelegenheiten, als Zac und ich uns vorgenommen haben, dir überallhin zu folgen. Von dir kommt die Kraft, die wir für diesen Weg brauchen, und dir verdanke ich jedes einzelne Wort, das ich schreibe. Es wäre ein Witz, auch nur das kleinste bisschen Anerkennung für mich selbst zu beanspruchen.

Herr, dieses Buch wurde für dich und aufgrund deiner großen Gnade geschrieben. Dir gebührt die ganze Ehre dafür. Ich hoffe, dass deine Herrlichkeit durch ein paar simple schwarze Buchstaben auf weißem Papier vergrößert wird.

Ich hätte Gott niemals kennengelernt, wenn ich nichts von ihm gehört hätte. Danke, Mom und Dad, dass ihr nicht nur von Gott gesprochen, sondern mir sein Wesen Tag für Tag vorgelebt habt. Für meine Erziehung habt ihr große Opfer gebracht. Ich weiß, dass ihr keinen Plastikgott anbetet, und das merkt auch jeder andere, der mit euch in Berührung kommt.

Ich hätte jenes Gebet nie gesprochen, wenn niemand meine Hand gehalten und diese Worte zuerst geflüstert hätte. Danke, Zac, dass du vorangehst, dass du mich liebst und immer wieder ermutigst, nicht vor unbequemen Herausforderungen zurückzuschrecken. Ich hatte nie vor, ein Buch zu schreiben, aber du hast mich förmlich dazu gedrängt. Möge Gott dich überreich dafür belohnen, dass du mutig und selbstlos genug gewesen bist, um zuzulassen, dass ich von Gott gebraucht werde.

Anmerkungen

Teil 1: alles? Was mich davon abhält.

1 A. W. Tozer: „*The Knowledge of the Holy*“, HarperOne, New York 1978, S. 1; auf Deutsch erschienen unter: „*Das Wesen Gottes*“, Hänssler, Neuhausen-Stuttgart 1996.

2 Charles Swindoll: „*The Grace Awakening*“, Thomas Nelson, Nashville 2003 (1990), S. 79-80; auf Deutsch erschienen unter: „*Zeit der Gnade*“, Gerth Medien, Asslar 1997.

3 Oswald Chambers, Quelle: http://www.brainyquote.com/quotes/authors/o/oswald_chambers.html

4 Tim Keller: „*Counterfeit Gods*“ (Auszug aus seiner Predigt auf der „Gospel Coalition Conference“ am 7.3.2010), Quelle: http://thegospelcoalition.org/resources/a/counterfeit_gods

5 Ebenda.

6 Die ganze Predigt auf Englisch finden Sie unter www.thedevilisreal.com

Teil 2: alles. Ich wag's.

1 Katie Davis: *„Well Since You Asked"*, *Kisses from Katie* (Blog), 2.4.2009, http://kissesfromkatie.blogspot.com/2009/04/well-since-you-asked.html

2 Davis, www.kissesfromkatie.blogspot.com

3 Todd Harper: *„Our Contract with God: An Interview with Bill and Vonette Bright"*, http://library.generousgiving.org/articles/display.asp?id=123.

4 Jennie Allen: *„Revival"*, *Wrestling with the Invisible* (Blog), 20.4.2009, http://jennieallen.com/uncategorized/revival/

5 Paul Dwight Moody und Arthur Percy Fitt: *„The Shorter Life of D. L. Moody"*, Nabu Press, Charleston 2010 (1900).

6 William Revell Moody: *„The Life of Dwight L. Moody"*, Forgotten Books, Charleston 2010 (1900).

7 Elisabeth Elliot: *„Im Schatten des Allmächtigen: Das Tagebuch Jim Elliots"*, SCM R.Brockhaus 2008 (1962).

8 A. W. Tozer: *„The Pursuit of God"*, WingSpread 2007 (1957).

9 Jennie Allen: *„Falling into Grace"*, *Wrestling with the Invisible* (Blog), 28.9.2010,
http://jennieallen.com/writing/falling-into-obedience/

10 Oswald Chambers: *„My Utmost for His Highest: An Updated Edition in Today's Language"*, Grand Rapids, Discovery House, 1992, S. 16; auf Deutsch erschienen unter: *„Mein Äußerstes für sein Höchstes"*, Wuppertal, Blaukreuz-Verlag 2009.

11 Ebenda, S. 17.

Teil 3: alles! Jetzt geht's ans Eingemachte!

1 Johannes 17,1.4.10.13-15.18.24.

2 John Piper: „*The Centrality of the Glory of God*", *Desiring God* (Blog), 4.11.2009, http://www.desiringgod.org/blog/posts/the-centrality-of-the-glory-of-god

3 Tyler Merrick (Tweet), 8.7.2011, http://twitter.com/#!/tylermerrick/status/78576598093271040

4 Henri J. M. Nouwen: „*Der dreifache Weg*", Freiburg im Breisgau, Herder Verlag 1984, S. 8.

5 Jennie Allen: „*Curtains and Cute Lives*", *Wrestling with the Invisible* (Blog), 6.8.2009, http://jennieallen.com/uncategorized/curtains-and-cute-lives/

6 Jennie Allen: „*Behind the Scenes of My Life*", *Wrestling with the Invisible* (Blog), 15.4.2010, http://jennieallen.com/uncategorized/behind-the-scenes-of-my-life/

7 Philip Gourevitch: „*Wir möchten Ihnen mitteilen, dass wir morgen mit unseren Familien umgebracht werden: Berichte aus Ruanda*", Berlin Verlag Taschenbuch 2008.

8 C. S. Lewis: „*Gott auf der Anklagebank*", Basel, Brunnen Verlag 1981, S. 95.

9 Kaj Munk, zitiert in: Shane Claiborne: „*Ich muss verrückt sein, so zu leben*", Gießen, Brunnen Verlag 2011 (5. Auflage).

10 Matts Blogeinträge finden Sie unter http://fm.thevillagechurch.net/blog/pastors. Siehe auch http://mobile.twitter.com//MattChandler74

Christian und Christine Schneider

Himmel und Straßenstaub

Unser Leben als Familie
in den Slums von Manila

336 Seiten, Taschenbuch
ISBN 978-3-7655-4200-8

Mehr als neun Jahre lang lebt Familie Schneider mit ihren zwei Kindern in den Slums von Manila. Hier begegnen sie unzähligen Menschen und ihren Geschichten: dem Kronzeugen Bic, der todgeweihten Mariebell, der Milliardärin Dona … ein hoffnungsvoller Erfahrungsbericht.

BRUNNEN VERLAG GIESSEN
www.brunnen-verlag.de